Basiswissen Requirements Engineering

Prof. Dr. Klaus Pohl ist Mitglied des Vorstands von »paluno –The Ruhr Institute for Software Technology« an der Universität Duisburg-Essen. Das Requirements Engineering zählt seit Anfang der 90er-Jahre zu seinen Forschungsschwerpunkten. Neben Grundlagenforschung in nationalen und internationalen Forschungsprojekten liegt der Fokus seiner Arbeiten in der Anwendung, Evaluierung und Weiterentwicklung der Forschungsergebnisse in Industriekooperationen. Vor seiner wissenschaftlichen Tätigkeit war er mehrere Jahre als Softwarearchitekt, Softwareentwickler und Berater tätig. Klaus Pohl ist (Co-)Autor von über 100 begutachteten Publikationen, darunter die Bücher »Process Centered Requirements Engineering« (Research Study Press 1996), »Software-Produktlinien« (dpunkt.verlag 2004), »Software Product Line Engineering« (Springer-Verlag 2005), »Requirements Engineering – Grundlagen, Prinzipien und Techniken« (dpunkt.verlag 2008) sowie »Requirements Engineering – Fundamentals, Principles, and Techniques« (Springer-Verlag 2010).

Chris Rupp OberSOPHISTin (formal: geschäftsführende Gesellschafterin). In 15 Jahren Berufstätigkeit sammelt sich so einiges an: [....] ein Unternehmen [....], 6 Bücher [....], 45 Mitarbeiter [....] und unheimlich viel Erfahrung. Meine Leidenschaft für die Projektberatung ist vermutlich Schuld daran, dass ich bis heute nicht »nur« manage, verwalte und Menschen fördere, sondern auch ganz nah am Kunden dran bin, in Projekten maßgeblich mitarbeite, sie leite. Vielleicht aber auch das Talent, die richtigen Mitarbeiter um mich zu scharen ;-)). Gute Ideen so umzusetzen, dass Entwickler, Vertragspartner, direkt und indirekt betroffene Anwender das Gefühl haben, ein intelligentes, durchdachtes und nutzbringendes Produkt vor sich zu haben, ist die Vision, die mich dabei antreibt.

Chris Rupp ist Autorin vieler Publikationen, darunter die Bücher »Requirements Engineering und -Management« (Hanser Fachbuchverlag 2007), »UML 2 glasklar« (Hanser Fachbuchverlag 2007) und »Agile Softwareentwicklung« (Hanser Fachbuchverlag 2002).

Klaus Pohl · Chris Rupp

Basiswissen Requirements Engineering

Aus- und Weiterbildung zum »Certified Professional for Requirements Engineering«

Foundation Level nach IREB-Standard

2., aktualisierte Auflage

dpunkt.verlag

Lektorat: Christa Preisendanz, René Schönfeldt, Nina Lötsch
Copy-Editing: Ursula Zimpfer, Herrenberg
Herstellung: Nadine Thiele
Umschlaggestaltung: Helmut Kraus, www.exclam.de
Druck und Bindung: Media-Print Informationstechnologie, Paderborn

Bibliografische Information der Deutschen Nationalbibliothek
Die Deutsche Nationalbibliothek verzeichnet diese Publikation in der Deutschen Nationalbibliografie; detaillierte bibliografische Daten sind im Internet über http://dnb.d-nb.de abrufbar.

ISBN 978-3-89864-708-3

2., aktualisierte Auflage 2010

Ringstraße 19 B
69115 Heidelberg

5 4 3 2 1 0

Geleitwort des International Software Quality Institute (iSQI)

Zertifizierungsstelle für Deutschland, die Niederlande, die USA, Indien und Israel

Requirements Engineering ist die Basis jedes Projekts zur Systementwicklung. Was wird benötigt, um ein bestimmtes Ziel zu erreichen? Können wir es mit den vorgegebenen Mitteln überhaupt erreichen? Ein sorgfältiges Requirements Engineering bewahrt ein Unternehmen vor Fehlinvestitionen oder gar dem völligen Scheitern eines Projekts. Requirements Engineering ist vielfältig: Unmengen an Informationen müssen gesammelt, analysiert, strukturiert, dokumentiert, verwaltet und ausgewertet werden. Am Ende soll ein funktionierendes, wirtschaftliches und vor allem anwenderfreundliches System stehen. Für das Unternehmen ist dabei sicherlich ein wichtiger Faktor, dass das festgesetzte Budget nicht überschritten wird. All dies wird durch ein sorgfältiges und fachkundiges Requirements Engineering sichergestellt.

Erst nach und nach erkämpfte sich die Schlüsseldisziplin einen immer höheren Stellenwert in der Projektplanung. Vor allem durch die Erkenntnis, dass die Vernachlässigung des Requirements Engineering gravierende Fehler oft erst sehr spät in Erscheinung treten lässt und diese dann nur sehr schwer oder gar nicht mehr zu beheben sind. In der heutigen Zeit kann sich kein Unternehmen ein halbherziges Anforderungsmanagement bzw. eine fahrige Anforderungserhebung leisten. Schneller, besser, innovativer, das sind die modernen Anforderungen an ein System. Fehler müssen so früh wie möglich entdeckt und behoben werden. Ein wirtschaftliches Arbeiten ist anders nicht möglich.

Da die meisten anderen Disziplinen auf die Ergebnisse des Requirements Engineering aufbauen, hier also die Basis für ein erfolgreiches Produkt liegt, ist die fundierte Ausbildung und Weiterqualifikation von Fachkräften unerlässlich. Das IREB stellt durch seinen Lehrplan sicher, dass in der Ausbildung ein umfassendes, praxisorientiertes Grundlagenwissen vermittelt wird. Das vorliegende Buch hilft jedem Prüfungsanwärter, sich auf die schlussendliche Zertifizierungsprüfung zum

»IREB Certified Professional for Requirements Engineering« gewissenhaft vorzubereiten.

Als Zertifizierer trägt das International Software Quality Institute (iSQI) die Verantwortung, den Arbeitsmarkt mit Fachkräften zu versorgen, die in einem hart umkämpften Markt bestehen können. Wir stellen den Anspruch an uns und an Prüfungsabsolventen, dass das bescheinigte Wissen dem aktuellsten Stand entspricht und nicht nach einmaligem Erwerb stetig rostet. Daher schuf iSQI mit seinem neuen modularen Weiterbildungskonzept »Quality Assurance Management Professional – QAMP« einen zuverlässigen Nachweis für lebenslanges Lernen. Erwerben kann es nur, wer zwei Jahre Berufserfahrung nachweisen kann. Das Zertifikat ist dann ein Jahr lang gültig und kann nur durch den Nachweis von weiterer fachspezifischer Tätigkeit erneuert werden. Das »IREB Certified Professional for Requirements Engineering«-Zertifikat ist hierfür das erste von insgesamt drei theoretischen Bausteinen der QAMP-Zertifizierung. Requirements Engineering soll immer die Basis sein, auch bei QAMP.

Dieses Buch verdeutlicht die Wichtigkeit des Requirements Engineering und beleuchtet das facettenreiche Fachgebiet von allen Seiten. Ich wünsche jedem, der sich für diese wichtige Ausbildung entscheidet, viel Erfolg!

Potsdam, im Januar 2009

Stephan Goericke
Director iSQI GmbH
www.isqi.org

Geleitwort von Future Network, der österreichischen Zertifizierungsstelle

Seit Ende 2007 ist das Future Network vom International Requirements Engineering Board (IREB e.V.) beauftragt, als Zertifizierungsstelle für das »Certified Professional for Requirements Engineering«-Zertifikat zu fungieren.

Wir haben die Aufgabe mit großer Freude übernommen, weil es ausgezeichnet zu den Zielen unserer Organisation passt. In den vergangenen 10 Jahren sind wir zu einer der renommiertesten Non-Profit-Organisationen im Bereich der IT in Österreich geworden. Als neutrale Dialogplattform legt das Future Network höchsten Wert auf Vermittlung von praxisnahem Know-how sowie Marktenwicklungen und Trends zu den aktuellsten Strategie- und Technologiethemen aus der IKT-Welt.

Wir erreichen dies durch die enge Zusammenarbeit namhafter Experten aus Wissenschaft und Praxis, nationaler und internationaler Anwender und Lösungsanbieter sowie Einbindung von Vertretern der Wissenschaft als Teil unseres Netzwerkes.

Derzeit steht die Branche neuen Herausforderungen gegenüber. Infolge der weltweiten Finanzkrise und der immer häufiger werdenden Betriebskrisen und Insolvenzen müssen wir umdenken und Antworten auf Fragen zum optimalen Einsatz der Budgets suchen. Future Network ist bemüht, diese Fragen aus Sicht eines effizienten Einsatzes der IT zur Erzielung von Geschäftsvorteilen zu beantworten.

In diesem Zusammenhang kommt dem Thema »Requirements Engineering« eine große Bedeutung zu. Von den Ergebnissen dieser Schlüsseldisziplin der Systementwicklung sind viele andere Disziplinen direkt abhängig, denn nachgewiesenermaßen scheitern viele Projekte wegen des mangelnden Verständnisses der Anforderungen.

Die Anforderungen herauszukristallisieren, die dem Geschäft den größtmöglichen und schnellsten Vorteil bringen, diese Anforderungen effizient und effektiv zu erfassen und dadurch die Kommunikation zwischen der Business-Welt und der IT-Welt zu verbessern, sind Kernaufgaben von Requirements Engineers, Business Analysts und Systemanalytikern. Dazu leisten der Lehrplan des IREB und die darauf basierenden Schulungen und Zertifizierungsprüfungen einen hervorragenden Beitrag. Personen, die durch die Prüfung zum »Certified Requirements Engineer« nachgewiesen haben, diese Fähigkeiten zu besitzen, werden immer häufiger von der Industrie und Behörden gesucht. Daher sollte eine zertifizierte Ausbildung nach internationalem Standard unbedingt die Grundlage für jeden Requirements Engineer sein.

Im November 2008 konnten wir im Rahmen einer Feierstunde erstmalig der Öffentlichkeit die besten Requirements Engineers des Jahres vorstellen. Wir freuen uns darauf, dies auch in den nächsten Jahren wiederholen zu können. Nutzen Sie dieses Buch und die angebotenen Kurse zu dem Thema, um sich fit zu machen für die Anforderungen der Zukunft!

Wir wünschen diesem Buch, dem International Requirements Engineering Board und allen beteiligten Zertifizierungsstellen und Trainingsunternehmen weiterhin viel Erfolg.

Wien, im Januar 2009

Sonja Haberl
Zertifzierungsstelle des Future Network

Michael Vesely
Präsident des Future Network
www.future-network.at

Geleitwort der SAQ Swiss Association for Quality

Die SAQ Swiss Association for Quality ist ein Verband mit rund 2000 Mitgliedern. Sie vermittelt – gemeinsam mit ihren Beteiligungsgesellschaften – fundiertes Know-how im gesamten Fachbereich Qualität (Managementsysteme, Umwelt, Sicherheit und Risiko) und Business Excellence. Seit 1967 vertritt SAQ die Interessen der European Organisation for Quality (EOQ), Brüssel, und deren Allianzpartner in der Schweiz.

An verschiedenen Fachtagungen und Anlässen in allen drei Sprachregionen der Schweiz informiert SAQ über aktuelle und zukunftsweisende Themen. Die Mitglieder erhalten dadurch ideale Plattformen für berufliche und gesellschaftliche Kontakte sowie den nötigen Wissensvorsprung, der ihnen dabei hilft, wettbewerbsfähig zu bleiben.

Personenzertifizierung

Die Anforderungen an Fachwissen und Erfahrung nehmen in den Unternehmungen laufend zu. SAQ als neutrale und unabhängige Personenzertifizierungsstelle hat mit ihren Partnern diese Anforderungen erkannt und zertifiziert bereits seit 1967 Personen in den verschiedenen Gebieten. Sie erteilt Personenzertifikate in den Kategorien: Qualität, Umwelt, Sicherheit, Risiko, Certified Tester, Certified Professional for Requirements Engineering, IT-Projektmanager HERMES und Arbeitssicherheit. Diese Personenzertifikate sind für die berufliche Perspektive und die innerbetriebliche Akzeptanz ein wichtiger Leistungsnachweis. Im Auftrag der European Foundation for Quality Management (EFQM) verleiht SAQ auch Auszeichnungen für Organisationen, welche die Anforderungen der Stufen »Verpflichtung zu Excellence« und »Anerkennung für Excellence« erfüllen.

SAQ ist von der Schweizerischen Akkreditierungsstelle SAS nach SN EN 17024 akkreditiert. Dadurch ist eine gleichbleibende Qualität und Transparenz bei der Vergabe von Zertifikaten gewährleistet. Die regelmäßige Überprüfung stellt zudem sicher, dass eine effiziente und kompetente Prüf- und Konformitätsbewertungsinfrastruktur beibehalten wird.

Durch die Fachgruppe Informatik konnte eine breite Abstützung in verschiedenen Branchen der IT erreicht werden. Die Fachgruppe und darin eingebettet das Swiss Testing Board als nationales Board des ISTQB wie auch das Swiss Requirements Engineering Board als nationales Board des IREB haben aktiv an der Einführung und Etablierung der Zertifizierungen im Bereich des Software Testing und Requirements Engineering in der Schweiz mitgewirkt.

Die positive Annahme der aufeinander abgestimmten Zertifikate zum Certified Tester und zum Certified Professional for Requirements Engineering durch Schweizer Unternehmen – die Schweiz weist für beide Zertifikate international die höchste pro Kopf Rate an zertifizierten Personen auf – beweist den Erfolg des Konzepts.

Der aktuelle Erfolg des Konzepts des Certified Professional for Requirements Engineering zeigt die Notwendigkeit der Professionalisierung in dieser Engineering-Disziplin. Das Zertifikat fördert Schweizer Unternehmen darin, hochwertige Engineering-Leistungen und die bekannte Schweizer Qualität bereits in der Aufnahme und Analyse von Anforderungen zu verankern, und trägt damit zur Sicherheit des Standortes Schweiz bei.

Das hier entstandene Buch ist ein wichtiger Schritt hin zu abgestimmten Lehrmitteln für die Ausbildung im Requirements Engineering.

Wir gratulieren den Autoren zu einer großartigen Arbeit und einem lehrreichen Buch.

Kirchberg, im Januar 2009

SAQ Swiss Association for Quality
www.saq.ch

Inhalt

Das Begriffsglossar zu diesem Buch (IREB-Glossar) finden Sie auf den Seiten des »International Requirements Engineering Board e.V.« unter:

www.certified-re.de

Die Zertifizierung zum Certified Professional for Requirements Engineering (CPRE)

Im Jahre 2007 wurde das *International Requirements Engineering Board* (IREB e.V.) gegründet. Es setzt sich aus unabhängigen, weltweit anerkannten Experten aus den Bereichen Industrie, Beratung, Forschung und Lehre zusammen. Die Mitglieder des Boards haben gemeinsam einen Lehrplan für den Bereich Requirements Engineering erarbeitet und ein darauf basierendes Zertifikat, den CPRE (*Certified Professional for Requirements Engineering*), entwickelt. Ziel ist es, eine qualitätsgesicherte Standardisierung der Aus- und Weiterbildung im Requirements Engineering und damit letztlich eine breite Verbesserung der täglichen Requirements-Engineering-Praxis zu erreichen.

Im Jahre 2007 startete das IREB in Deutschland, Österreich und der Schweiz sehr erfolgreich. Seit der Bereitstellung des Lehrplans in englischer Sprache kommen stetig neue Länder hinzu, in denen zum CPRE zertifiziert wird, z.B. die USA, die Niederlande, Indien und Israel.

Im Zertifizierungsprozess sind vier Hauptakteure beteiligt: das International Requirements Engineering Board (IREB), die anerkannten Trainingsprovider, die Zertifizierungsstellen in den einzelnen Ländern und natürlich die Kursteilnehmer bzw. die zu prüfenden Personen. Das unten stehende Schaubild zeigt die Struktur und Aufgabenverteilung im Rahmen der Zertifizierung zum »Certified Professional for Requirements Engineering« (CPRE).

Abb. 1 Struktur und Aufgabenverteilung bei der Zertifizierung zum CPRE

Das IREB erarbeitet den Lehrplan, erstellt die zugehörigen Prüfungsfragen, definiert und regelt das Prüfungsverfahren, beauftragt Zertifizierungsstellen mit der Prüfungsabnahme und erkennt Trainingsprovider an, die lehrplankonforme Schulungsmaßnahmen zum *Certified Professional for Requirements Engineering* anbieten. In den einzelnen Ländern führen vom IREB beauftragte Zertifizierungsstellen die Prüfungen für das Zertifikat durch.

Formell besitzt der IREB-Lehrplan den gleichen Charakter wie die Lehrpläne anderer etablierter Aus- und Weiterbildungsstandards (z.B. ISTQB Certified Tester) und berücksichtigt dabei einschlägige internationale Normen der ISO und des IEEE. Der Lehrplan für den »Foundation Level« umfasst das Grundlagenwissen zum Requirements Engineering auf den Gebieten Ermittlung, Dokumentation, Prüfung und Verwaltung von Anforderungen. Der fachliche Inhalt des IREB-Zertifikats kann im öffentlich zugänglichen Lehrplan nachgelesen werden. Durch seinen Lehrplan gibt das IREB genau den Umfang, den Inhalt und die Zeit für die Erreichung der Lernziele sowie die Themen der praktischen Übungen vor. Des Weiteren sind auf den Internetseiten des IREB auch das vollständige aktuelle Glossar und nähere Informationen zu den Prüfungsmodalitäten nachschlagbar.

Weitere Informationen zum International Requirements Engineering Board (IREB e.V.) und zum »Certified Professional for Requirements Engineering« finden sich auf der Internetseite des IREB: http://www.certified-re.de.

Vorwort zur 2. Auflage

Lieber Leser,

mit »Basiswissen Requirements Engineering« halten Sie das offizielle Lehrbuch für die Zertifizierung zum *Certified Professional for Requirements Engineering (CPRE) – Foundation Level* in Ihren Händen. Dieses Buch basiert auf dem offiziellen *Lehrplan (Version 2.1)* des *International Requirements Engineering Board e.V. (IREB)*. Eine Übersicht über das IREB sowie die Zertifizierungsprozesse finden Sie im vorangehenden Abschnitt »Die Zertifizierung zum Certified Professional for Requirements Engineering«.

Ziel des Buches ist es, Sie bei der Vorbereitung auf die Zertifizierungsprüfung zum Certified Professional for Requirements Engineering zu unterstützen. Das Buch eignet sich sowohl für Ihre individuelle Vorbereitung auf die Zertifizierungsprüfung als auch als Begleitliteratur zu den von den Trainingsprovidern angebotenen einschlägigen Vorbereitungsschulungen.

Ergänzend zu dem Buch sollten Sie die auf der Internetseite des IREB (http://www.certified-re.de) veröffentlichten Informationen zur Vorbereitung auf die Zertifizierungsprüfung beachten. Diese zusätzlichen Informationen reflektieren aktuelle Anpassungen des Lehrplans (nach der Version 2.1) und ergänzen dieses Buch gegebenenfalls um spezifische Themengebiete. Zudem werden auf diesen Seiten gegebenenfalls auch Errata zu diesem Buch veröffentlicht.

Unsere Entscheidung, dieses Buch gemeinsam zu verfassen, kam nicht von ungefähr. Mit dem vorliegenden Buch sollten langjährige Praxiserfahrungen mit Lehr- und Forschungserkenntnissen zum Thema Requirements Engineering speziell für den Foundation Level des Certified Professional for Requirements Engineering zusammengeführt werden. Als Konsequenz daraus basiert das vorliegende Buch auf den zwei auflagenstärksten deutschsprachigen Büchern zum Themengebiet »Requirements Engineering« der beiden Hauptautoren:

Klaus Pohl: *Requirements Engineering – Grundlagen, Prinzipien, Techniken*. Erschienen im dpunkt.verlag, Heidelberg 2007: Dieses Buch wurde aus dem Blickwinkel der Forschung und Lehre verfasst und bietet eine strukturierte Aufbereitung der Grundlagen, Prinzipien und Techniken des Requirements Engineering.

Chris Rupp: *Requirements-Engineering und -Management – Professionelle, iterative Anforderungsanalyse für die Praxis*. Erschienen im Hanser Fachbuchverlag, München 2007. Dieses Buch enthält anwendungserprobtes Wissen zum Requirements Engineering, das den Requirements Engineer in seiner täglichen Praxis unterstützt.

Wir haben auf das Referenzieren der beiden oben genannten Bücher in den Kapiteln dieses Buches verzichtet. Zu den einzelnen im vorliegenden Buch behandelten Themengebieten finden Sie in diesen beiden Büchern detaillierte, ergänzende und weiterführende Informationen.

Die Erstellung des Buches wurde von einer Vielzahl von Personen unterstützt. Unser besonderer Dank gilt Dirk Schüpferling und Thorsten Weyer für deren inhaltliche Beiträge und das unermüdliche Engagement, ohne das die Erstellung dieses Buches nicht möglich gewesen wäre. Mehrere Reviewrunden und die anhaltende Unterstützung der anderen Boardmitglieder haben zur Qualitätssteigerung des Buches beigetragen. Wir bedanken uns daher ausdrücklich bei allen Boardmitgliedern des IREB für ihre tatkräftige Unterstützung. Darüber hinaus haben Urte Pautz von der HOOD Group (http://www.hood-group.com), Claudia Kellermann-Lindskog, Christian Pikalek und Rainer Joppich von der Sophist Group (http://www.sophist.de) sowie Kim Lauenroth, Nadine Bramsiepe und Dr. Andreas Gehlert vom Lehrstuhl »Software Systems Engineering« der Universität Duisburg-Essen (http://www.sse.uni-due.de) zu einzelnen Abschnitten im Buch beigetragen. Ein herzliches Dankeschön für die tatkräftige Unterstützung geht an Christa Preisendanz vom dpunkt.verlag sowie an die Lektoren René Schönfeldt und Nina Lötsch.

Klaus Pohl und Chris Rupp
Essen und Nürnberg, im Juni 2010

Unter Mitwirkung von

Karol Frühauf
INFOGEM AG, SAQ

Karol Frühauf studierte in Bratislava und an der RWTH Aachen Elektrotechnik, wo er 1975 in der Fachrichtung Technische Informatik seinen Abschluss machte. Danach war er 12 Jahre bei BBC Brown Boveri & Cie in der Netzleittechnik tätig, vom Programmierer über Qualitätsleiter zur Führungskraft. 1987 gründete Karol Frühauf mit Helmut Sandmayr die Firma *INFOGEM AG*, die auf dem Gebiet des System Engineering zu den anerkannten Adressen für Beratung und Schulung in der Schweiz gehört. Seit mehr als einem Jahrzehnt leitet er die Fachgruppe Informatik der SAQ, Swiss Association for Quality, und ist in der Leitung der Softwaregruppe von EOQ, European Organisation for Quality.

Emmerich Fuchs
FUCHS-INFORMATIK AG

Emmerich Fuchs verfügt über eine mehr als 30-jährige Erfahrung in der Applikationsentwicklung. Seit 1985 ist er als Lehrbeauftragter an Fachhochschulen, als Referent in Seminaren sowie als Co-Buchautor und als Prüfungsexperte aktiv. Im Jahre 1989 gründete Emmerich Fuchs die *FUCHS-INFORMATIK AG* und ist als Geschäftsleiter in beratender Funktion für namhafte Firmen in den Bereichen Geschäftsprozessmodellierung, Requirements Engineering und Qualitätssicherung tätig.

Prof. Dr. Martin Glinz
Universität Zürich

Prof. Dr. Martin Glinz ist ordentlicher Professor für Informatik und Leiter der Forschungsgruppe Requirements Engineering an der Universität Zürich. Er beschäftigt sich hauptsächlich mit Methoden, Sprachen und Werkzeugen zur Modellierung von Anforderungen. Weitere Interessengebiete sind Software Engineering, Softwarequalität und Modellierung. Er hat an der RWTH Aachen in Informatik promoviert. Vor seiner Berufung an die Universität Zürich war er zehn Jahre in der Industrie als Forscher, Entwickler, Berater und Dozent im Bereich Software Engineering tätig. Er ist Mitglied des Herausgeberrats der Zeitschrift »Requirements Engineering« sowie des »Steering Committee« der »International Requirements Engineering Conference«.

Rainer Grau
Zühlke Technology Group

Rainer Grau, Manager des International Education Centre der Zühlke Technology Group, ist seit über 20 Jahren in der Informatik aktiv. Seine Schwerpunkte sind Requirements Engineering, Softwareentwicklungsprozesse und Lean Management. Rainer Grau ist 2. Vorsitzender des International Requirements Engineering Board (IREB), Leiter der Fachgruppe Informatik der Swiss Association for Quality (SAQ) und Dozent an der Fachhochschule HSR Rapperswil.

Colin Hood
HOOD Group

Colin Hood hat seit 1977 die Evolution der Steuerungssysteme von relaisgestützten Systemen über programmierbare logische Controller (PLCs) bis hin zu modernen softwaregesteuerten Systemen begleitet. In verschiedenen Tätigkeitsfeldern war Colin Hood verantwortlich für Analyse, Design, Implementierung, Test und Auslieferung komplexer Softwaresysteme. Der Einsatz von Requirements Engineering war von jeher die Methodik, die seinen Erfolg bei Firmen wie Alcatel, BMW, DaimlerChrysler, Hella oder Miele begründet hat. Seine Spezialität ist neben der Verbesserung der Prozesse die Unterstützung des Veränderungsprozesses bei Einführung neuer Methoden und Werkzeuge.

Dr. Frank Houdek
Daimler AG

Dr. Frank Houdek studierte Informatik an der Universität Ulm. Nach seinem Abschluss wechselte er an das heutige Daimler Forschungszentrum in Ulm. Seit 1999 ist er im Themenfeld Requirements Engineering aktiv. Dort betreut er verschiedene Forschungs- und Transferprojekte mit Kunden im Bereich der PKW- und LKW-Steuergeräte-Entwicklung. Dr. Houdek ist GI- und IEEE-CS-Mitglied und aktiv im Leitungsgremium der Fachgruppe 2.1.6 Requirements Engineering. Außerdem ist er an diversen Programm- und Organisationskomitees einschlägiger Veranstaltungen beteiligt, darunter der RE'04 und des Automotive Requirements Engineering Workshops 2004 in Japan.

Dr. Peter Hruschka
Atlantic Systems Guild

Dr. Peter Hruschka arbeitet seit 1994 als unabhängiger IT- und Managementberater. Seine Mission ist die Umsetzung von Software-Engineering-Ideen in die Praxis. Dies umfasst das komplette Spektrum von der Analyse der Ausgangssituation über die Erarbeitung von strategischen Plänen, der Einführungsschulung für alle (strukturierten oder objektorientierten) Methoden und Verfahren bis hin zur Projektbetreuung und Erfolgssicherung. Dr. Hruschka ist Principal der Atlantic Systems Guild, einer international renommierten Gruppe von Softwaretechnologie-Experten, und Gründer des deutschen Netzwerks agiler Entwickler.

Prof. Dr. Barbara Paech
Universität Heidelberg

Prof. Dr. Barbara Paech ist Professorin am Institut für Informatik der Universität Heidelberg. Bis Oktober 2003 war sie Abteilungsleiterin am Fraunhofer-Institut für experimentelles Software Engineering. Ihr Forschungsbereich ist das Software Engineering, insbesondere Methoden und Prozesse, um Qualität mit angemessenem Aufwand zu erzielen. Seit vielen Jahren ist sie vor allem auf dem Gebiet des Requirements und Usability Engineering aktiv. Sie ist Sprecherin des Fachbereichs Softwaretechnik der Gesellschaft für Informatik.

Dirk Schüpferling
Sophist GmbH

Dirk Schüpferling ist seit 2001 ein SOPHIST und hat in den letzten Jahren die Erkenntnis gewonnen, dass Kommunikation meist der Schlüssel zur (Kunden-)Zufriedenheit ist. Aber ebenso Faulheit und Besserwisserei oder, wie der Fachmann sagen würde, »Wiederverwendung« und »Aufzeigen von Verbesserungspotenzial« sind Dinge, bei denen er viel Spaß haben kann. Er forscht auf dem Gebiet der Dokumentationstechniken und löst hier Problemstellungen aus der Praxis, indem er Neuerungen und Anpassungen an etablierten Tools und Dokumentationsarten vornimmt.

Thorsten Weyer
Universität Duisburg-Essen

Thorsten Weyer arbeitet als Wissenschaftler bei »paluno – The Ruhr Institute for Software Technology« an der Universität Duisburg-Essen. Er studierte Informatik an der Universität Koblenz und ist seit mehr als zehn Jahren als Berater und Referent im Bereich modellbasierter Entwicklungsansätze tätig. Thorsten Weyer koordinierte das Verbundprojekt »REMsES« (Praxisleitfaden für Requirements Engineering und Management softwareintensiver Eingebetteter Systeme) des Bundesministeriums für Bildung und Forschung. Sein Forschungsschwerpunkt ist das modellbasierte Requirements Engineering – insbesondere die Qualitätssicherung von Anforderungen sowie die modellbasierte Kontextanalyse.

1 Einleitung und Grundlagen

Die Bedeutung des Requirements Engineering (RE) für die erfolgreiche, den Kunden zufriedenstellende Entwicklung von Systemen ist mittlerweile kaum mehr zu übersehen. In der Praxis ist es üblich, einen entsprechenden Aufwand für das Requirements Engineering einzuplanen. Immer häufiger findet man zudem die Erkenntnis, dass der Requirements Engineer eine eigenständige Rolle mit anspruchsvollen Tätigkeiten ist.

1.1 Einleitung

Wozu Requirements Engineering?

Glaubt man den Zahlen im Chaos Report 2006 der Standish Group, so hat sich in den zwölf Jahren zwischen 1994 und 2006 bei der erfolgreichen Abwicklung von Softwareprojekten einiges zum Besseren gewendet. Sind im Jahre 1994 noch gut 30% der untersuchten Softwareprojekte gescheitert, so waren es 2006 nur noch knapp 20%. Die Anzahl der Projekte, die mit starken Zeit- oder Budgetüberziehungen und/oder nicht zur Zufriedenheit der Kunden abgeschlossen werden konnten, verringerte sich von 53% auf 46% [Chaos 2006]. Jim Johnson, Vorsitzender der Standish Group, nennt als einen von drei Gründen für die positive Entwicklung der Zahlen seit 1994 die Tatsache, dass Anforderungen besser kommuniziert würden als noch vor zehn Jahren. Interessant sind diese Zahlen, da der Umgang mit Anforderungen eines Systems eine signifikante Ursache für Projektfehlschläge bzw. für Zeit- und Budgetüberschreitungen darstellt.

1.1.1 Zahlen und Fakten im Projektalltag

Requirements Engineering als Fehlerquelle

Studien belegen, dass etwa 60% der Fehler in Systementwicklungsprojekten bereits im Requirements Engineering entstehen [Boehm 1981]. Irrtümer aus dem Requirements Engineering werden jedoch oft erst in späteren Projektphasen oder im Betrieb des Systems entdeckt, da fehlerhafte oder unvollständige Anforderungen für Entwickler so interpretiert werden können, dass sie subjektiv schlüssig sind oder aus der subjektiven Perspektive der Entwickler (unbewusst) vervollständigt werden. Fehlende Anforderungen werden im Entwurf und in der Realisierung häufig nicht entdeckt, da man sich hier auf die qualitativ hochwertige Arbeit des Requirements Engineer verlässt. Es wird umgesetzt, was man aus dem Anforderungsdokument entnehmen kann oder glaubt, entnehmen zu können. Missverständliche, unvollständige oder falsche Anforderungen führen somit unausweichlich zu einem System, das wichtige Eigenschaften nicht besitzt oder Eigenschaften aufweist, die nicht gefordert wurden.

Kosten von Fehlern im Requirements Engineering

Je später ein Fehler in den Anforderungen im Verlauf des Entwicklungsprojekts behoben wird, umso höher sind die damit verbundenen Kosten. So wird beispielsweise für die Beseitigung eines Anforderungsfehlers, der erst beim Programmieren entdeckt wird, ein um ca. den Faktor 20 höherer Aufwand notwendig, als wenn derselbe Fehler während des Requirements Engineering behoben worden wäre – für die Fehlerbeseitigung in der Abnahmephase des Systems geht man von dem Faktor 100 aus [Boehm 1981].

Symptome und Gründe für mangelhaftes Requirements Engineering

Symptome für mangelhaftes Requirements Engineering sind ebenso zahlreich wie ihre Ursachen. Häufig fehlen Anforderungen oder sie sind unklar formuliert. Wenn beispielsweise die Anforderungen nicht genau den Kundenwunsch widerspiegeln oder die Anforderungen zu ungenau beschrieben und damit verschiedenartig interpretierbar sind, hat dies häufig zur Folge, dass das erstellte System nicht den Erwartungen der Auftraggeber bzw. Nutzer entspricht.

Der häufigste Grund für fehlerhafte Anforderungen ist die falsche Annahme der Stakeholder, dass vieles selbstverständlich ist und nicht explizit genannt werden muss. Es entstehen Kommunikationsprobleme zwischen den Beteiligten, die oft aus unterschiedlichem Erfahrungs- bzw. Wissenstand resultieren. Erschwerend kommt hinzu, dass besonders der Auftraggeber in vielen Fällen kurzfristige Ergebnisse in Form eines produktiven Systems erhalten möchte.

Die Bedeutsamkeit von gutem Requirements Engineering

Die steigende Bedeutung von Systemen mit einem signifikanten Softwareanteil in industriellen Projekten sowie die Notwendigkeit, innovativere, individuellere und umfangreichere Systeme schneller, besser und mit höchster Qualität auf den Markt zu bringen, setzen ein leistungsfähiges Requirements Engineering voraus. Fehlerfreie und vollständige Anforderungen sind die Basis für eine erfolgreiche Systementwicklung. Bereits im Requirements Engineering müssen potenzielle Risiken aufgedeckt und soweit möglich behoben werden, um einen erfolgreichen Projektablauf zu ermöglichen. Fehler und Lücken in

Anforderungsdokumenten müssen frühzeitig erkannt werden, um langwierige Änderungsprozesse zu vermeiden.

1.1.2 Requirements Engineering – was ist das?

Um ein Entwicklungsprojekt zum Erfolg führen zu können, muss zunächst bekannt sein, was die Anforderungen an das System sind, und diese müssen geeignet dokumentiert sein.

Definition 1-1: *Anforderung*

Eine Anforderung ist:

(1) Eine Bedingung oder Fähigkeit, die von einem Benutzer (Person oder System) zur Lösung eines Problems oder zur Erreichung eines Ziels benötigt wird.

(2) Eine Bedingung oder Fähigkeit, die ein System oder Teilsystem erfüllen oder besitzen muss, um einen Vertrag, eine Norm, eine Spezifikation oder andere, formell vorgegebene Dokumente zu erfüllen.

(3) Eine dokumentierte Repräsentation einer Bedingung oder Eigenschaft gemäß (1) oder (2).

Übersetzt aus [IEEE Std 610.12-1990]

Stakeholder

Der Stakeholder (Projektbetroffener) ist einer der zentralen Begriffe im Requirements Engineering. Stakeholder dienen u.a. als wichtigste Quellen für Anforderungen, und das Übersehen eines Stakeholders hat häufig zur Konsequenz, dass die ermittelten Anforderungen an das System lückenhaft sind [Macaulay 1993]. Stakeholder sind also alle diejenigen Personen oder Organisationen, die Anforderungen in irgendeiner Weise beeinflussen. Das können natürliche Personen sein, die das System später nutzen werden (z.B. der Nutzer oder der Administrator), natürliche Personen, die Interesse an dem System haben, es aber nicht nutzen werden oder sollen (z.B. das Management oder ein Hacker, vor dem man das System schützen muss), aber auch juristische Personen, Institutionen usw., da diese letztlich durch natürliche Personen vertreten werden, die die Anforderungen des betrachteten Systems beeinflussen bzw. definieren können.

Definition 1-2: *Stakeholder*

Ein Stakeholder eines Systems ist eine Person oder Organisation, die (direkt oder indirekt) Einfluss auf die Anforderungen des betrachteten Systems hat.

Ziel des Requirements Engineering

Dem Requirements Engineering im Entwicklungsprozess kommt die Aufgabe zu, die Anforderungen der Stakeholder zu ermitteln, zweckmäßig zu dokumentieren, zu überprüfen und abzustimmen sowie die dokumentierten Anforderungen über den gesamten Lebenszyklus des Systems hinweg zu verwalten [Pohl 1996].

Definition 1-3: *Requirements Engineering*

Das Requirements Engineering ist ein kooperativer, iterativer, inkrementeller Prozess, dessen Ziel es ist zu gewährleisten, dass:

(1) alle relevanten Anforderungen bekannt und in dem erforderlichen Detaillierungsgrad verstanden sind,

(2) die involvierten Stakeholder eine ausreichende Übereinstimmung über die bekannten Anforderungen erzielen,

(3) alle Anforderungen konform zu den Dokumentationsvorschriften dokumentiert bzw. konform zu den Spezifikationsvorschriften spezifiziert sind.

Vier Haupttätigkeiten im Requirements Engineering

Die vier damit einhergehenden Haupttätigkeiten sind:

- *Ermitteln:* Beim Ermitteln der Anforderungen werden verschiedene Techniken genutzt, um die Anforderungen der Stakeholder und anderer Quellen zu gewinnen, zu detaillieren und zu verfeinern (siehe Kapitel 3).
- *Dokumentieren:* Durch die Dokumentation werden erarbeitete Anforderungen adäquat beschrieben. Hierfür können unterschiedliche Techniken eingesetzt werden, um Anforderungen in natürlicher Sprache oder in Modellen zu dokumentierten (siehe Kapitel 4, 5, 6).
- *Prüfen und abstimmen*: Dokumentierte Anforderungen müssen frühzeitig geprüft und abgestimmt werden, um zu gewährleisten, dass sie allen geforderten Qualitätskriterien genügen (siehe Kapitel 7).
- *Verwalten*: Die Anforderungsverwaltung (Requirements Management) geschieht flankierend zu allen anderen Aktivitäten und umfasst alle Maßnahmen, die notwendig sind, um Anforderungen zu strukturieren, für unterschiedliche Rollen aufzubereiten sowie konsistent zu ändern und umzusetzen (siehe Kapitel 8).

Randbedingungen

Unterschiedliche Projektrandbedingungen beeinflussen das Requirements Engineering. So haben z.B. die beteiligten Menschen, fachliche Faktoren (z.B. die Branche) oder organisatorische Randbedingungen (z.B. die räumliche Verteilung oder die zeitliche Verfügbarkeit der Projektbeteiligten) eine große Auswirkung auf die Auswahl geeigneter Techniken.

1.1.3 Einbettung des Requirements Engineering in Vorgehensmodelle

Requirements Engineering als abgeschlossene Phase

In schwergewichtigen Vorgehensmodellen (z.B. Wasserfallmodell [Royce 1987], V-Modell [V-Modell 2004]) wird versucht, alle Anforderungen in einer Projektphase vollständig zu erheben, bevor die ersten Entwurfs- oder Realisierungsentscheidungen getroffen werden. Das Ziel dieser Modelle ist es, bereits im Vorfeld der Umsetzung alle Anforderungen an das System zu ermitteln. Dies führt dazu, dass Requirements Engineering bei diesen Vorgehensmodellen als abgeschlossene, zeitlich befristete erste Phase der Systementwicklung durchgeführt wird.

Requirements Engineering als begleitender Prozess

Leichtgewichtige Vorgehensmodelle (z.B. eXtreme Programming [Beck 1999]) ermitteln die benötigten Anforderungen dagegen erst, wenn sie implementiert werden sollen, da »Hellsehen« bzgl. zukünftig gewünschter Funktionalität schwierig ist und Anforderungen sich auch im Laufe eines Projekts ändern. Hier wird Requirements Engineering als kontinuierlicher, phasenübergreifender Prozess in die Systementwicklung integriert.

1.2 Kommunikationstheoretische Grundlagen

Sprache als Medium zur Kommunikation von Anforderungen

Anforderungen müssen kommuniziert werden. In den meisten Fällen bedient man sich hierbei eines allen Kommunikationspartnern zugänglichen, regelgeleiteten Mediums – der Sprache.

Damit die Übertragung von Informationen von einem Individuum zu einem anderen funktioniert, wird ein gemeinsamer Code benötigt. Der Sender verschlüsselt seine Botschaft, die der Empfänger dann wieder entschlüsseln muss. Ein solcher gemeinsamer Code ist Menschen gegeben, die die gleiche natürliche Sprache (z.B. Deutsch) sprechen, den gleichen kulturellen Hintergrund haben und auf ähnliche Erfahrungen zurückgreifen können. Je ähnlicher kultureller, familiärer und Bildungshintergrund, Fachgebiet und Arbeitsalltag sind, umso besser klappt der Austausch von Informationen. Da solch optimale Bedingungen häufig unter den Stakeholdern nicht gegeben sind, ist es sinnvoll, sich zunächst auf eine gemeinsame Sprache und deren Verwendung zu einigen. Das kann z.B. der Einsatz eines Glossars (siehe Kapitel 4) sein, in dem alle wichtigen Begriffe erläutert werden, oder die Einigung auf eine formalere Beschreibungssprache, z.B. die Unified Modeling Language, UML, der OMG[1] (siehe Kapitel 6).

Art des Kommunikationsmediums

Ein weiterer Faktor ist die Art des Kommunikationsmediums. Bei mündlicher Kommunikation beruht der Kommunikationserfolg stark auf Redundanz (z.B. Sprache und Gestik oder Sprache und Tonfall) sowie auf Rückkopplung. Bei technischer schriftlicher Kommunikation wird redundanzarm und ohne (oder mit wenig) Rückkopplung kommuniziert.

Sprachliche Bequemlichkeit

Zusätzlich zu den Problemen der unterschiedlichen Begriffswelten und Kommunikationsmedien ist meist zu beobachten, dass Informationen gar nicht oder nicht adäquat weitergegeben werden. Dies lässt sich oftmals auf natürliche Vorgänge zurückführen, die bei der Wahrnehmung des Menschen und der Kommunikation des Wahrgenommenen immer mehr oder weniger ausgeprägt auftreten: die *Fokussierung* und die *Vereinfachung*.

Impliziertes Vorwissen

Kommunikation, der sprachliche Ausdruck des Wissens, ist notwendigerweise vereinfachend. Ein Autor setzt beim Leser ein gewisses Vorwissen voraus. Diese Vereinfachungen im sprachlichen Ausdruck sind es, die im Zusammenhang mit Anforderungen problematisch werden, da sie Anforderungen unterschiedlich interpretierbar machen. In Kapitel 5 wird näher auf die Darstellung von Anforderungen in natürlicher Sprache eingegangen.

1.3 Eigenschaften eines Requirements Engineer

Zentrale Rolle

Der Requirements Engineer als Projektrolle steht häufig im Mittelpunkt des Geschehens. Er pflegt in der Regel als Einziger direkten Kontakt zu allen Stakeholdern und hat die Chance und Verantwortung, sich ausreichend in das Fachgebiet der Stakeholder einzuarbeiten sowie die Sprache in den verschiedenen Fachgebieten zu erlernen und zu verstehen. Er ist derjenige, der die Bedürfnisse hinter den Aussagen der Stakeholder erkennen und so aufbereiten muss, dass fachfremde Architekten und Entwickler sie verstehen und umsetzen können. Man kann sich den Requirements Engineer also als eine Art Dolmetscher vorstellen, der sowohl das Fachgebiet und dessen Sprache ausreichend

---

1 OMG (Object Management Group) – *www.omg.org*.

kennt als auch über genug IT-Know-how verfügt, um sich der Probleme der Entwickler bewusst zu sein und mit ihnen gleichberechtigt kommunizieren zu können. Der Requirements Engineer nimmt daher eine zentrale Rolle im Projekt ein.

Sieben notwendige Fähigkeiten eines Requirements Engineer

Um allen Aufgaben gerecht werden zu können, benötigt der Requirements Engineer weit mehr als Methodenwissen. Viele der benötigten Fähigkeiten setzen entsprechende praktische Erfahrungen voraus.

- *Analytisches Denken:* Der Requirements Engineer muss fähig sein, sich in ihm unbekannte oder wenig bekannte Fachgebiete und Sachverhalte schnell einzuarbeiten, und dabei komplizierte Probleme und Zusammenhänge verstehen und analysieren können. Da Stakeholder oft in konkreten Beispielen und (suboptimalen) Lösungen über das eigentliche Problem und die zugehörigen Anforderungen sprechen, muss der Requirements Engineer in der Lage sein, konkrete Aussagen der Stakeholder zu abstrahieren.
- *Empathie:* Der Requirements Engineer hat die schwierige Aufgabe zu erkennen, was ein Stakeholder tatsächlich benötigt. Hierfür ist ein ausgeprägtes Einfühlungsvermögen eine der zentralen Voraussetzungen. Zudem muss er problematische gruppendynamische Effekte unter den Stakeholdern erkennen und geeignet darauf reagieren.
- *Kommunikationsfähigkeit:* Um die Anforderungen der Stakeholder zu erheben, richtig zu interpretieren und zu kommunizieren, muss der Requirements Engineer über hohe kommunikative Fähigkeiten verfügen. Er muss zuhören können, zur rechten Zeit die richtigen Fragen stellen, bemerken, wenn Aussagen nicht den gewünschten Informationsgehalt haben, und rechtzeitig erforderliche Rückfragen stellen.
- *Konfliktlösungsfähigkeit:* Durch unterschiedliche Meinungen der Stakeholder kommt es im Requirements Engineering häufig zu Konflikten. Der Requirements Engineer muss Konflikte erkennen, zwischen den Parteien vermitteln und schließlich durch den Einsatz geeigneter Techniken den Konflikt auflösen.
- *Moderationsfähigkeit:* Der Requirements Engineer muss zwischen unterschiedlichen Meinungen vermitteln und Diskussionen leiten können. Dies gilt sowohl für Einzelbesprechungen als auch in Gruppengesprächen oder in Workshops.
- *Selbstbewusstsein:* Da der Requirements Engineer häufig im Mittelpunkt steht und dabei gelegentlich auch der Kritik ausgesetzt ist, benötigt er ein selbstbewusstes Auftreten und die Fähigkeit, sich auch durch hartnäckige Ablehnungen nicht aus dem Konzept bringen zu lassen. Er sollte Kritik niemals persönlich nehmen.

- *Überzeugungsfähigkeit:* Der Requirements Engineer ist u.a. eine Art Anwalt für die Anforderungen seiner Stakeholder. Er muss fähig sein, diese nach außen und in Besprechungen und Präsentationen zu vertreten. Zudem muss er die unterschiedlichen Meinungen der Stakeholder konsolidieren und im Falle eines Dissenses eine Entscheidung herbeiführen oder Konsens unter den Stakeholdern herstellen.

1.4 Arten von Anforderungen

Im Allgemeinen unterscheidet man zwischen drei Arten von Anforderungen:

- *Funktionale Anforderungen* legen die Funktionalität fest, die das geplante System zur Verfügung stellen soll. Sie werden typischerweise in Funktions-, Verhaltens- und Strukturanforderungen unterteilt (siehe Kapitel 4).

Definition 1-4: *Funktionale Anforderung*

Eine funktionale Anforderung definiert eine vom System oder von einer Systemkomponente bereitzustellende Funktion des betrachteten Systems.

- *Qualitätsanforderungen* legen gewünschte Qualitäten des zu entwickelnden Systems fest und beeinflussen häufig, in größerem Umfang als die funktionalen Anforderungen, die Gestalt der Systemarchitektur. Typischerweise beziehen sich Qualitätsanforderungen auf die Performance, die Verfügbarkeit, die Zuverlässigkeit, die Skalierbarkeit oder die Portabilität des betrachteten Systems. Anforderungen dieses Typs werden häufig auch der Klasse »nicht funktionaler Anforderungen« zugeordnet.

Definition 1-5: *Qualitätsanforderung*

Eine Qualitätsanforderung definiert eine qualitative Eigenschaft, die das betrachtete System oder einzelne Funktionen des Systems aufweisen sollen.

- *Randbedingungen* (auch: Rahmenbedingung) können von den Projektbeteiligten nicht beeinflusst werden. Randbedingungen können sich sowohl auf das betrachtete System beziehen (z.B. »Das System soll durch Webservices realisiert werden«) als auch auf den Entwicklungsprozess des Systems (z.B. »Das System soll bis spätestens Mitte 2010 am Markt verfügbar sein«). Randbedingungen werden, im Gegensatz zu funktionalen Anforderungen und Qualitätsanforderungen, nicht umgesetzt, sondern schränken die Umsetzungsmöglichkeiten, d.h. den Lösungsraum im Entwicklungsprozess, ein.

Definition 1-6: *Randbedingung*

Eine Randbedingung ist eine organisatorische oder technologische Vorgabe, die die Art und Weise einschränkt, wie das betrachtete System realisiert werden kann.

Neben der Unterscheidung in funktionale Anforderungen, Qualitätsanforderungen und Randbedingungen wird eine Reihe anderer Klassifizierungen von Anforderungen in der Praxis verwendet. Dies gilt beispielsweise für die in diversen Standards definierten Anforderungsklassen (z.B. CMMI [SEI 2006], SPICE [ISO/IEC 15504-5]) oder in Bezug auf die Klassifikation über Attributwerte von Anforderungen, etwa für den Detaillierungsgrad, die Priorität oder die rechtliche Verbindlichkeit von Anforderungen (siehe Kapitel 4 und 8).

1.5 Bedeutung und Kategorisierung von Qualitätsanforderungen

In der täglichen Praxis werden die Qualitätsanforderungen eines Systems häufig nur unzureichend dokumentiert und zwischen Stakeholdern abgestimmt. Dies kann in erheblichem Maße den Projekterfolg oder die spätere Akzeptanz des entwickelten Systems gefährden. Der Requirements Engineer sollte daher im Entwicklungsprozess eines Systems möglichst frühzeitig besonderes Augenmerk auf die Ermittlung, Dokumentation und Abstimmung der Qualitätsanforderungen legen.

Typischerweise werden sehr unterschiedliche Qualitäten eines Systems der Anforderungsart »Qualitätsanforderung« zugeordnet. Um auf strukturierte Art und Weise mit den Qualitätsanforderungen eines Systems umgehen zu können, wurden verschiedenste Kategorisierungen von Qualitätsanforderungen vorgeschlagen. Beispielweise schlägt der ISO Standard 9126 [ISO/IEC 9126-1] eine Kategorisierung für Qualitätsanforderungen vor, die als Standardstruktur für die Dokumentation von Qualitätsanforderungen und als Checkliste zur Ermittlung und Überprüfung von Qualitätsanforderungen dienen kann. Typische Kategorien sind (vgl. [ISO/IEC 9126-1]):

- Anforderungen, die die Qualität der Funktionalität definieren, insbesondere in Bezug auf *Angemessenheit*, *Sicherheit*, *Genauigkeit der Berechnung*, *Interoperabilität* und entsprechende Konformität zu Standards.
- Anforderungen, die *Zuverlässigkeit* der Funktionalität definieren, insbesondere in Bezug auf Robustheit, Fehlertoleranz und Wiederherstellbarkeit.
- Anforderungen, die die *Benutzbarkeit* des Systems definieren, insbesondere in Bezug auf Verständlichkeit, Erlernbarkeit und Bedienbarkeit.
- Anforderungen, die die *Effizienz* des Systems definieren, insbesondere das Zeitverhalten (z.B. Berechnungsdauer) oder das Verbrauchsverhalten (z.B. Ressourcennutzung).
- Anforderungen, die die *Änderbarkeit* des Systems definieren, insbesondere in Bezug auf die Analysierbarkeit, Modifizierbarkeit, Stabilität und Prüfbarkeit.
- Anforderungen, die die *Übertragbarkeit* des Systems definieren, insbesondere in Bezug auf Anpassbarkeit, Installierbarkeit und entsprechende Konformität zu Standards sowie Austauschbarkeit.

Qualitätsanforderungen werden gegenwärtig meist in natürlicher Sprache formuliert. Alternativ zu der bisher üblichen Dokumentation von Qualitätsanforderungen in natürlicher Sprache wurde eine Reihe von Ansätzen vorgestellt, die darauf abzielen, Qualitätsanforderungen in Form von Modellen bzw. als Erweiterungen gängiger Modellierungsansätze zu dokumentieren.

Der Requirements Engineer sollte sicherstellen, dass die Qualitätsanforderungen möglichst objektiv an dem entwickelten System überprüfbar sind. Dies erfordert in der Regel, dass die geforderten Qualitäten durch quantitative Angaben konkretisiert werden. Beispielsweise könnte eine Qualitätsanforderung in Bezug auf die geforderte *Effizienz* des Systems festlegen, dass das System 95% aller Anfragen in weniger als 1,5 Sekunden abarbeitet und die Abarbeitung einer Anfrage auf keinen Fall mehr als 4 Sekunden in Anspruch nehmen darf. Qualitätsanforderungen können hierbei durch zusätzliche funktionale Anforderungen konkretisiert werden. Beispielsweise kann eine Qualitätsanforderung bezüglich der Sicherheit des Systems durch die Forderung nach der Verschlüsselung der Ausgabedaten präzisiert werden. Die geforderte Verschlüsselung der Ausgabedaten stellt dabei eine funktionale Anforderung dar, die die geforderten Sicherheitseigenschaften des Systems konkretisiert.

Qualitätsanforderungen stehen daher häufig mit verschiedenen funktionalen Anforderungen in Beziehung. Aus diesem Grunde sollten Qualitätsanforderungen stets getrennt von funktionalen Anforderungen definiert werden. Zudem sollte der Bezug von Qualitätsanforderungen und funktionalen Anforderungen explizit dokumentiert werden.

1.6 Zusammenfassung

Requirements Engineering ist kaum noch wegzudenken, wenn es darum geht, den Kunden zufriedenstellende Systeme zu entwickeln und dabei Budget- und Zeitpläne einzuhalten. Ziel des Requirements Engineering ist es, möglichst vollständige Kundenanforderungen in guter Qualität zu dokumentieren und dabei Fehler möglichst frühzeitig zu erkennen und zu beheben. Grundlage für erfolgreiches Requirements Engineering ist sowohl die Einbeziehung der richtigen Stakeholder als auch die Einbettung der vier Haupttätigkeiten des Requirements Engineering (*Ermitteln, Dokumentieren, Prüfen* und *Abstimmen* sowie *Verwalten* von Anforderungen) in den Systementwicklungsprozess. Im Mittelpunkt des Geschehens steht der Requirements Engineer, der primäre Anlaufstelle im Requirements Engineering ist und neben Fachwissen und Methodenwissen auch über eine Vielzahl an Softskills verfügen muss.

2 System und Systemkontext abgrenzen

Die Anforderungen an ein zu entwickelndes System existieren nicht per se, sondern müssen ermittelt werden. Aufgabe der System- und Kontextabgrenzung im Requirements Engineering ist es, das System von dessen Umgebung abzugrenzen und den Teil der Umgebung zu identifizieren, der die Anforderungen an das zu entwickelnde System bestimmt.

2.1 Systemkontext

Antizipieren des Systems im Betrieb

Dem Requirements Engineering im Entwicklungsprozess eines Systems kommt die Aufgabe zu, in der Umgebung des geplanten Systems alle diejenigen materiellen und immateriellen Aspekte zu identifizieren, die eine Beziehung zu dem System haben. Hierzu wird eine Sollperspektive eingenommen, d.h., es wird eine Annahme getroffen, wie das geplante System sich in die Realität integriert. Hierdurch wird der Realitätsausschnitt identifiziert, der das System und damit potenziell auch dessen Anforderungen beeinflusst. Um die Anforderungen an das geplante System korrekt und vollständig spezifizieren zu können, ist es notwendig, die Beziehungen zwischen den einzelnen materiellen und immateriellen Aspekten im Systemkontext und dem geplanten System exakt zu identifizieren. Der für die Anforderungen des Systems relevante Ausschnitt der Realität wird als Systemkontext bezeichnet.

Definition 2-1: *Systemkontext*

Der Systemkontext ist der Teil der Umgebung eines Systems, der für die Definition und das Verständnis der Anforderungen des betrachteten Systems relevant ist.

Kontextaspekte im Systemkontext

Zu den möglichen Typen von Aspekten im Systemkontext gehören u.a.:

- Personen (Stakeholder oder Stakeholdergruppen)
- Systeme im Betrieb (andere technische Systeme oder Hardware)
- Prozesse (technisch oder physikalisch, Geschäftsprozesse)
- Ereignisse (technisch oder physikalisch)
- Dokumente (z.B. Gesetze, Standards, Systemdokumentationen)

Konsequenzen fehlerhafter oder unvollständiger Kontextberücksichtigung

Wird der Systemkontext im Rahmen des Requirements Engineering inkorrekt oder unvollständig berücksichtigt, hat dies unvollständige oder fehlerhafte Anforderungen zur Konsequenz. Dies führt dazu, dass das entwickelte System auf der Grundlage unvollständiger oder fehlerhafter Annahmen arbeitet, was eine häufige Ursache für Systemversagen im Betrieb ist. Solche Fehler bleiben bei der Überprüfung, ob das zu entwickelnde System den spezifizierten Anforderungen genügt, häufig unentdeckt und treten erst später im Betrieb des Systems auf, und das mit teilweise katastrophalen Konsequenzen.

Systemkontext und Anforderungskontext

Der Ursprung der Anforderungen eines Systems liegt im Systemkontext des geplanten Systems. Beispielsweise fordern Stakeholder, einschlägige Standards oder gesetzliche Richtlinien bestimmte funktionale Merkmale oder Qualitäten, die das zu entwickelnde System an dessen Schnittstelle aufweisen soll. Eine Anforderung ist also in einem spezifischen Kontext definiert und kann auch nur für diesen Kontext richtig interpretiert werden. Je vollständiger der Kontext einer Anforderung bekannt ist (z.B. wieso ist das technische System »X« im Systemkontext der Ursprung der Anforderung), umso geringer ist die Wahrscheinlichkeit für eine falsche Interpretation dieser Anforderung. Daher ist eine zweckmäßige Dokumentation des Systemkontexts bzw. der Informationen über den Systemkontext für den Entwicklungsprozess von besonderer Bedeutung.

2.2 System- und Kontextgrenzen bestimmen

Die Definition des Systemkontexts liegt in der Verantwortung des Requirements Engineering. Um den Systemkontext zu definieren ist es notwendig, diesen sowohl von dem zu entwickelnden System als auch vom irrelevanten Teil der Realität abzugrenzen.

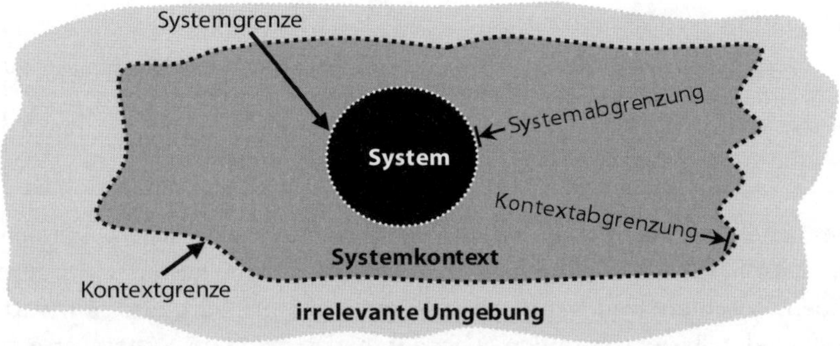

Abb. 2-1 Systemgrenze und Kontextgrenze eines Systems

Zur Abgrenzung des Systemkontexts wird daher zwischen zwei Abgrenzungsprozessen unterschieden (vgl. Abb. 2-1):

- *Systemabgrenzung:* Im Rahmen der Systemabgrenzung wird die Systemgrenze bestimmt, die festlegt, welche Aspekte durch das geplante System abgedeckt werden sollen und welche Aspekte Teil der Umgebung dieses Systems sind.
- *Kontextabgrenzung:* Im Rahmen der Kontextabgrenzung wird die Grenze des Kontexts zur irrelevanten Umgebung hin bestimmt, indem analysiert wird, welche Aspekte in der Umgebung eine Beziehung zu dem geplanten System haben.

Systemgrenze und Kontextgrenze definieren den Systemkontext

Durch Systemgrenze und Kontextgrenze wird der Systemkontext definiert. Der Systemkontext umfasst alle Aspekte, die für die Anforderungen des geplanten Systems relevant sind und nicht im Rahmen der Entwicklung dieses Systems gestaltet werden können.

2.2.1 Die Systemgrenze festlegen

Die Systemgrenze grenzt den Konstruktionsgegenstand zur Umgebung hin ab. Durch die Wahl der Systemgrenze wird festgelegt, welche Aspekte das zu konstruierende System abdeckt (Scope) und was außerhalb des Systems liegt. Die im Requirements Engineering betrachtete Systemgrenze definieren wir wie folgt:

Definition 2-2: *Systemgrenze*

Die Systemgrenze separiert das geplante System von seiner Umgebung. Sie grenzt den im Rahmen des Entwicklungsprozesses gestaltbaren und veränderbaren Teil der Realität von Aspekten in der Umgebung ab, die durch den Entwicklungsprozess nicht verändert werden können.

Sämtliche Aspekte, die innerhalb der Systemgrenzen liegen, können somit im Systementwicklungsprozess verändert bzw. gestaltet werden. In den Systemgrenzen kann sich z.B. ein aus Hardware und Software bestehendes System befinden, das durch das geplante System ersetzt werden soll. Aspekte im Systemkontext können auch Geschäftsprozesse, technische Prozesse, Personen, Organisationsstrukturen und Bestandteile der IT-Infrastruktur sein. Abb. 2-2 zeigt skizzenhaft den Systemkontext eines Systems, der aus Systemen und Stakeholdergruppen, die mit dem zu entwickelnden System an dessen Schnittstelle in einer Nutzungsbeziehung stehen, und aus weiteren Quellen von Anforderungen sowie deren Abhängigkeiten besteht.

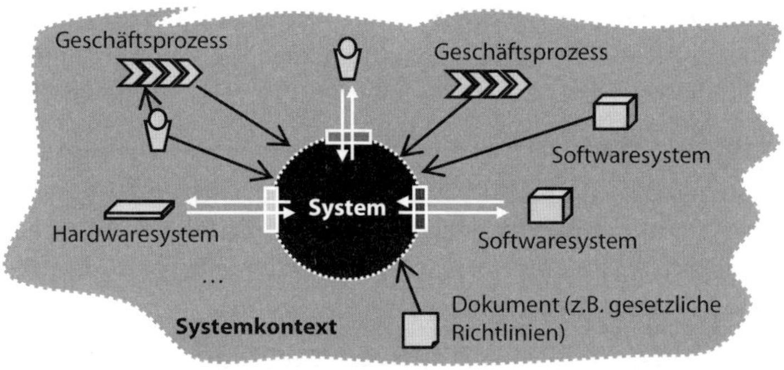

Abb. 2-2 Arten von Aspekten im Systemkontext

Quellen und Senken als Ausgangspunkt der Abgrenzung

Zur Identifikation der Schnittstellen des Systems mit der Umgebung können u.a. die Quellen und Senken des geplanten Systems betrachtet werden (z.B. [DeMarco 1978]). Quellen liefern Eingaben für das System. Senken erhalten Ausgaben vom System. Mögliche Quellen und Senken eines Systems sind:

- Stakeholder(gruppen)
- Existierende Systeme (technische oder nicht technische Systeme)

Schnittstellen: Interaktion zwischen System und Umgebung

Quellen und Senken interagieren mit dem späteren System über die Systemschnittstellen. Mittels der Systemschnittstellen stellt das System im Betrieb der Umgebung seine Funktionalität zur Verfügung, überwacht die Umgebung, beeinflusst Umgebungsparameter oder steuert

Abläufe in der Umgebung. Abhängig vom Typ der jeweiligen Quelle oder Senke benötigt das geplante System verschiedenartige Schnittstellen (z.B. Mensch-Maschine-Schnittstelle, Hardwareschnittstelle oder Softwareschnittstelle), wobei der Schnittstellentyp wiederum spezifische Randbedingungen oder zusätzliche Quellen von Anforderungen an das geplante System implizieren kann.

Grauzone der Systemabgrenzung

Die Systemgrenze ist häufig erst gegen Ende des Requirements-Engineering-Prozesses präzise festgelegt. Zuvor sind einige oder mehrere Schnittstellen bzw. gewünschte Funktionen und Qualitäten des geplanten Systems nur unvollständig oder überhaupt nicht bekannt. Diese zeitweise Unschärfe der Systemabgrenzung führt dazu, dass zu bestimmten Zeitpunkten im Requirements-Engineering-Prozess eine Grauzone in der Systemabgrenzung besteht (vgl. Abb. 2-3). Zum Beispiel könnte zu einem frühen Zeitpunkt im Requirements-Engineering-Prozess noch nicht geklärt sein, ob das System eine bestimmte Funktion (z.B. »Zahlungsabwicklung per Kreditkarte«) implementieren soll oder ob ein anderes System im Systemkontext eine entsprechende Funktion anbietet, die genutzt werden soll (z.B. »System zur Zahlungsabwicklung«).

Verschiebung der Grauzone

Neben einer Verschiebung der Systemgrenze innerhalb der Grauzone (① in Abb. 2-3) kann sich im Verlaufe des Requirements Engineering auch die Grauzone der Systemabgrenzung selbst verschieben (② in Abb. 2-3). Eine solche Verschiebung wird beispielsweise dadurch verursacht, dass Aspekte im Systemkontext, die vorher zum Systemkontext gehörten, im Rahmen der Entwicklung des geplanten Systems möglicherweise nun doch verändert werden sollen. Dies trifft z.B. dann zu, wenn in Bezug auf einen Geschäftsprozess im Systemkontext im Requirements Engineering die Situation eintritt, dass für bestimmte Aktivitäten des Geschäftsprozesses nicht mehr feststeht, ob diese von dem zu entwickelnden System implementiert bzw. unterstützt werden sollen oder nicht. In dieser Situation ist nicht abschließend festgelegt, ob diese Aspekte zum veränderbaren Entwicklungsgegenstand oder zum nicht veränderbaren Systemkontext gehören. Hierdurch ändert sich die Grauzone in der Systemabgrenzung entsprechend (vgl. Abb. 2-3).

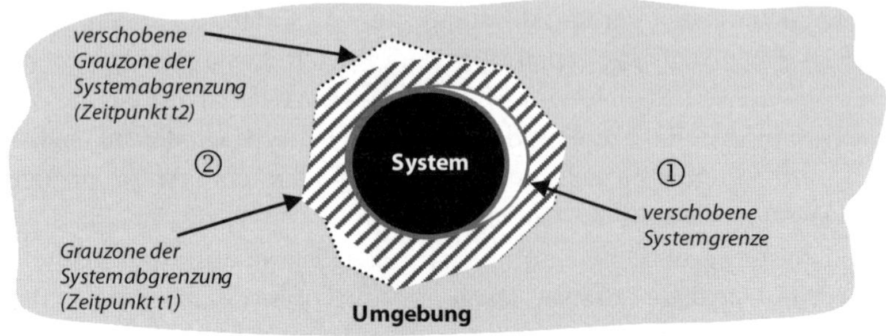

Abb. 2-3 Grauzone der Systemabgrenzung

Die Grauzone verschiebt sich somit beispielsweise, wenn die Schnittstellen der Systemgrenze zugerechnet werden und die Grauzone evtl. um Aspekte der Umgebung erweitert wird, die diese Schnittstellen betreffen.

2.2.2 Die Kontextgrenze bestimmen

Die Kontextgrenze differenziert in der Umgebung des geplanten Systems zwischen Kontextaspekten, d.h. Aspekten der Umgebung, die im Requirements Engineering (z.B. als Anforderungsquellen) berücksichtigt werden müssen, und Aspekten, die für das geplante System irrelevant sind. Die Kontextgrenze kann wie folgt charakterisiert werden:

> **Definition 2-3:** *Kontextgrenze*
>
> Die Kontextgrenze separiert den relevanten Teil der Umgebung eines geplanten Systems vom irrelevanten Teil, d.h. dem Teil der Umgebung, der keinen Einfluss auf das geplante System und damit auch keinen Einfluss auf die Anforderungen dieses Systems hat.

Konkretisierung und Verschiebung der Kontextgrenze

Zu Beginn eines Requirements-Engineering-Prozesses sind häufig nur ein Teil der Umgebung sowie einzelne spezifische Beziehungen zwischen der Umgebung und dem geplanten System bekannt. Über den Verlauf des Requirements Engineering hinweg ist es notwendig, die Grenze zwischen Systemkontext und irrelevanter Umgebung zu konkretisieren, indem relevante Aspekte der Umgebung im Hinblick auf Beziehungen zum geplanten System analysiert werden. Neben der Systemgrenze verschiebt sich für gewöhnlich im Verlaufe des Requirements Engineering auch die Kontextgrenze. Wird z.B. festgestellt, dass eine vormals als relevant eingestufte gesetzliche Vorschrift wider Erwarten keinerlei Auswirkungen auf das geplante System hat bzw. aus einem bestimmten Grund die Relevanz verliert, reduziert sich der Systemkontext entsprechend (① in Abb. 2-4). Wird eine neue Vorschrift identifiziert, die Auswirkungen auf das zu entwickelnde System hat, erweitert sich der Systemkontext (② in Abb. 2-4).

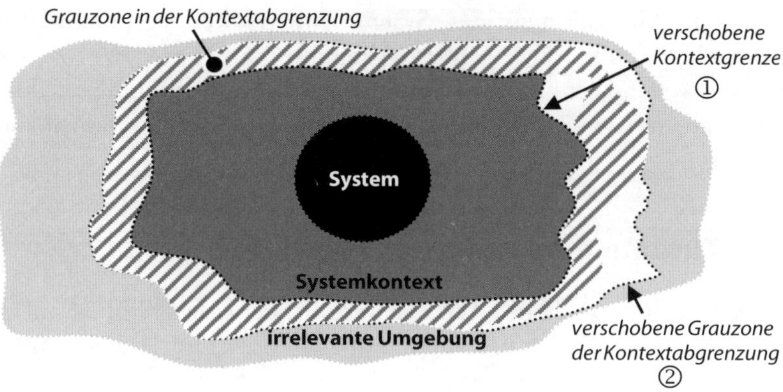

Abb. 2-4 Grauzone der Kontextabgrenzung

Grauzone der Kontextabgrenzung

Da die Kontextgrenze den Systemkontext von der gesamten irrelevanten Realität abgrenzt, ist eine vollständige und präzise Kontextabgrenzung für komplexe Systeme praktisch nicht möglich. Zudem kann eventuell für einzelne Aspekte in der Umgebung des geplanten Systems nicht festgestellt werden, ob diese Aspekte das geplante System beeinflussen bzw. von diesem beeinflusst werden. Diese beiden Beobachtungen sind ursächlich dafür, dass, ähnlich wie bei der Systemabgrenzung, auch in Bezug auf die Kontextgrenze eine Grauzone existiert (vgl. Abb. 2-4).

Auflösung und Verschiebung der Grauzone

Die Grauzone der Kontextabgrenzung umfasst somit identifizierte Aspekte der Umgebung, für die unklar ist, ob sie eine Beziehung zum geplanten System haben oder nicht. Im Gegensatz zur Grauzone in der Systemabgrenzung, die im Verlaufe des Requirements Engineering aufgelöst werden muss, ist es nicht erforderlich, die Grauzone in der Kontextabgrenzung vollständig aufzulösen.

2.3 Den Systemkontext dokumentieren

Zur Dokumentation des Systemkontexts (insbesondere der System- und Kontextgrenzen) werden oftmals Use-Case-Diagramme [Jacobson et al. 1992] (Abschnitt 4.2.3 und 6.3.1) oder Datenflussdiagramme [DeMarco 1978] (Abschnitt 6.6.1) eingesetzt. Bei der Kontextmodellierung auf der Basis von Datenflussdiagrammen werden die Quellen und Senken in der Umgebung des Systems modelliert, die Ursprung oder Endpunkt von Datenflüssen (bzw. Materialflüssen, Energieflüssen, Geldflüssen etc.) zwischen dem betrachteten System und der Umgebung darstellen. In Use-Case-Diagrammen werden die Akteure (z.B. Personen oder andere Systeme) in der Umgebung des Systems und deren Nutzungsbeziehungen mit dem zu entwickelnden System modelliert. Zur Modellierung des Systemkontexts können auch UML-Klassendiagramme [OMG 2007] (Abschnitt 6.5.2) verwendet werden. Um den Systemkontext eines Systems möglichst vollständig zu dokumentieren, werden in der Regel verschiedene Dokumentationsformen eingesetzt.

2.4 Zusammenfassung

Der Systemkontext ist der Teil der Realität, der einen Einfluss auf das zu entwickelnde System hat und damit auch die Anforderungen an das zu entwickelnde System bestimmt. Um die Anforderungen an das zu entwickelnde System ermitteln zu können, ist es im Rahmen des Requirements Engineering zunächst notwendig, die Grenzen des Systems zum Systemkontext und die Grenzen des Systemkontexts zur irrelevanten Umgebung zu bestimmen. Bei der Bestimmung der Systemgrenzen wird der »Scope« des Systems festgelegt, d.h., es wird bestimmt, welche Aspekte zum Konstruktionsgegenstand gehören und damit veränderbar bzw. gestaltbar sind. Gleichzeitig wird dadurch auch festgelegt, welche Aspekte zur Umgebung gehören, damit nicht veränderbar sind und somit ggf. Anforderungen und Randbedingungen für das zu entwickelnde System definieren.

Die Kontextgrenze trennt den Teil der Umgebung, der einen Einfluss auf die Anforderungen des Systems hat, von dem Teil, der die Anforderungen an das System nicht beeinflusst. Typische Aspekte im Systemkontext sind Stakeholder (z.B. die Benutzer des späteren Systems), Dokumente (z.B. ein zu berücksichtigender Sicherheitsstandard) sowie andere Systeme, die z.B. mit dem zu entwickelnden System interagieren. Die erfolgreiche Bestimmung der Grenzen des Systemkontexts und dadurch erreichte Identifikation der relevanten Kontextaspekte ist die Grundlage für die systematische Ermittlung der Anforderungen des zu entwickelnden Systems.

3 Anforderungen ermitteln

Eine wichtige Aktivität im Requirements Engineering ist die Ermittlung der Anforderungen an das zu entwickelnde System. Grundlage für die Anforderungsermittlung ist das im Rahmen des Requirements Engineering erarbeitete Wissen über den Systemkontext des zu entwickelnden Systems, das die zu analysierende bzw. zu befragende Anforderungsquellen umfasst.

3.1 Anforderungsquellen

Drei Arten von Anforderungsquellen

Es werden drei verschiedene Arten von Anforderungsquellen unterschieden:

- *Stakeholder* (siehe Abschnitt 1.1.2) ist eine Person oder Organisation, die (direkt oder indirekt) Einfluss auf die Anforderungen hat. Beispiele für Stakeholder sind Nutzer des Systems, Betreiber des Systems, Entwickler, Architekten, Auftraggeber und Tester.
- *Dokumente* enthalten oft wichtige Informationen, aus denen Anforderungen gewonnen werden können. Beispiele für Dokumente sind allgemeingültige Dokumente wie z.B. Normen/Standards oder Gesetzestexte sowie branchen-/organisationsspezifische Dokumente, z.B. Anforderungsdokument oder Fehlerberichte des Altsystems.
- *Systeme in Betrieb* können sowohl Alt- bzw. Vorgängersysteme, aber ebenso Konkurrenzsysteme sein. Den Stakeholdern wird durch die Möglichkeit des Ausprobierens ein Eindruck des derzeitigen Systems vermittelt, auf dem basierend sie Erweiterungen oder Änderungen fordern können.

3.1.1 Stakeholder und deren Bedeutung

Bedeutung von Stakeholdern

Das Identifizieren relevanter Stakeholder ist eine zentrale Aufgabe des Requirements Engineering [Glinz und Wieringa 2007]. Stakeholder sind für den Requirement Engineer wichtige Quellen zur Identifikation möglicher Anforderungen des Systems (siehe Abschnitt 1.1.2). Der Requirement Engineer hat die Aufgabe, diese sich teils widersprechenden Ziele und Anforderungen der unterschiedlichen Stakeholder zu sammeln, zu dokumentieren und mit allen Beteiligten zu konsolidieren [Potts et al. 1994] (siehe Kapitel 8).

Auswirkung fehlender Stakeholder

Bleiben Stakeholder unberücksichtigt oder werden wichtige Stakeholder nicht identifiziert, hat dies signifikante negative Auswirkungen auf den gesamten Projektverlauf, da hierdurch Anforderungen nicht erkannt werden. Spätestens im Betrieb des Systems treten die übersehenen Anforderungen jedoch als Änderungsanträge zutage, deren nachträgliche Integration hohe Zusatzkosten verursacht. Es ist daher essenziell, alle Stakeholder zu identifizieren und effektiv in die Anforderungsermittlung einzubeziehen.

Stakeholderlisten bieten Übersicht

Ein Hilfsmittel zur Identifikation von Stakeholdern ist eine Checkliste, mit der relevante Stakeholder gezielt und systematisch ermittelt werden können. Eine inhaltlich unvollständige oder zeitlich zu spät vervollständigte Stakeholderliste führt dazu, dass wichtige Aspekte des Systems unentdeckt bleiben, das Projektziel verfehlt wird oder durch spätere Anpassungen signifikante Mehrkosten anfallen. Als Ausgangsbasis für die Identifikation relevanter Stakeholder dienen meist Vorschläge bzgl. relevanter Stakeholder, die z.B. aus dem Management oder von Fachexperten stammen. Von diesen ausgehend, können weitere relevante Stakeholder ermittelt werden.

3.1.2 Der Umgang mit Stakeholdern im Projekt

Verwaltung der Stakeholder

In der Praxis ist häufig festzustellen, dass bei umfangreichen bzw. »schwierigen« Projekten oftmals auch viele Stakeholder involviert sind. Dies hat zur Folge, dass aufgrund von Ressourcenbeschränkungen die für die Ermittlung der Anforderung geeignetsten Stakeholder selektiert werden müssen. Für die Dokumentation der Stakeholder eines Entwicklungsprojekts eignen sich Tabellen, die zumindest die folgenden Daten beinhalten: Name, Funktion (Rolle), weitere Personen- und Kontaktdaten, zeitliche und räumliche Verfügbarkeit während der Projektlaufzeit, Relevanz des Stakeholders, sein Wissensgebiet und -umfang sowie seine Ziele und Interessen bezogen auf das Projekt.

Aus Betroffenen Beteiligte machen

Ein effektiver Umgang mit den Stakeholdern beinhaltet auch einen kontinuierlichen Informationsfluss: Regelmäßige Statusbesprechungen sowie eine dauerhafte Integration der Stakeholder helfen dem Requirements Engineer, aus Projektbetroffenen (d.h. prinzipiell betroffene Stakeholder) Projektbeteiligte (d.h. gut integrierte, mitverantwortliche Stakeholder) zu machen.

Individuelle »Verträge« mit den Stakeholdern

Stakeholder, denen der Requirements Engineer zu wenig Aufmerksamkeit widmet, können sich dem Projekt kritisch entgegenstellen. Zudem weisen manche Stakeholder eventuell einen Mangel an Motivation auf, da sie entweder mit dem Altsystem zufrieden sind, Angst vor Veränderungen haben oder durch negative Erfahrungen in früheren Projekten vorbelastet sind. Es ist Aufgabe des Requirements Engineer, den Projektleiter dabei zu unterstützen, alle Stakeholder vom Nutzen des Projekts zu überzeugen. Um Missverständnissen, Kompetenzstreitigkeiten etc. vorzubeugen, ist es zweckmäßig, dass der Requirements Engineer mit jedem Stakeholder jeweils formal vereinbart, welche Aufgaben, Verantwortungsbereiche, Weisungsbefugnisse und individuellen Ziele bestehen und welche Kommunikationswege und Feedback-Schleifen von dem Stakeholder genutzt werden können. Je nach Unternehmenskultur kann diese Vereinbarung in einfacher Form durch eine mündliche Vereinbarung oder auch formeller ausgestaltet und schriftlich getroffen werden. Die Vorgesetzten sollten den jeweiligen Vereinbarungen zustimmen.

Rechte und Pflichten der Stakeholder

Aus der Stakeholdervereinbarung resultiert für jeden Stakeholder eine Reihe von Rechten und Pflichten.

Der Requirements Engineer

- spricht die Sprache der Stakeholder,
- arbeitet sich in das Fachgebiet gründlich ein,
- erstellt ein Anforderungsdokument,
- kann die Arbeitsergebnisse verständlich machen (z.B. mithilfe von Diagrammen oder Grafiken),
- pflegt einen respektvollen Umgang mit den Stakeholdern,
- präsentiert seine Ideen und Alternativen und deren Realisierung,
- ermöglicht es den Stakeholdern, Eigenschaften zu fordern, die das System einfach und benutzerfreundlicher machen,
- sorgt dafür, dass das spezifizierte System den funktionalen und qualitativen Ansprüchen der Stakeholder gerecht wird.

Der Stakeholder

- führt den Requirements Engineer in das Fachgebiet ein,
- versorgt den Requirements Engineer mit Anforderungen,
- formuliert die Anforderungen zielgerecht und gewissenhaft,
- trifft Entscheidungen zeitgerecht,
- respektiert die Einschätzung der Kosten und Machbarkeit des Requirements Engineer,
- priorisiert die Anforderungen,

- überprüft die dokumentierten Anforderungen des Requirements Engineers, wie Prototypen usw.,
- kommuniziert unverzüglich Änderungen in den Anforderungen,
- befolgt den vorgegebenen Änderungsprozess,
- respektiert das vorgegebene Requirements Engineering.

Ermittlungstechniken lenken Kommunikation und Vorgehen

Darüber hinaus organisiert der Requirements Engineer die Planung und Koordination der Kommunikationswege sowie eine strukturierte Terminplanung für die durchzuführenden Requirements-Engineering-Aktivitäten mit den Stakeholdern. Diese Planung und die Art des Kommunikationswegs werden maßgeblich durch die Wahl der vom Requirements Engineer eingesetzten Ermittlungstechniken beeinflusst.

3.2 Anforderungskategorisierung nach dem Kano-Modell

Einfluss der Anforderungen auf die Zufriedenheit

Für die Anforderungsermittlung ist das Wissen, welche Bedeutung die Anforderungen für die Zufriedenheit der Stakeholder haben, sehr hilfreich. Diese Zufriedenheit wird mit den jeweiligen Merkmalen eines Produkts, von denen sie abhängen, nach dem Modell von Kano in drei Kategorien eingeteilt [Kano et al. 1984]:

- *Basisfaktoren* sind selbstverständlich vorausgesetzte Systemmerkmale (unterbewusstes Wissen),
- *Leistungsfaktoren* sind die explizit geforderten Systemmerkmale (bewusstes Wissen) und
- *Begeisterungsfaktoren* sind Systemmerkmale, die der Stakeholder nicht kennt und erst während der Benutzung als angenehme und nützliche Überraschungen entdeckt (unbewusstes Wissen).

Im Laufe der Zeit werden aus Begeisterungsfaktoren Leistungsfaktoren und schließlich Basisfaktoren, denn der Nutzer gewöhnt sich an Merkmale eines Systems. Bei der Ermittlung der Anforderungen sind alle drei Anforderungskategorien zu berücksichtigen.

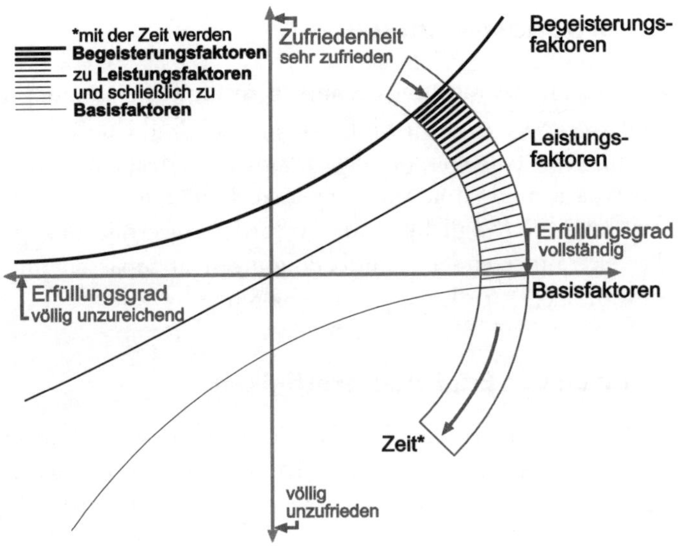

Abb. 3-1 Das Kano-Modell grafisch dargestellt

Basisfaktoren (unterbewusste Anforderungen) muss das System in jedem Fall vollständig erfüllen, sonst stellt sich beim Stakeholder massive Unzufriedenheit ein. Vollständig erfüllte Basisfaktoren erzeugen keine positive Stimmung, sondern vermeiden lediglich, dass starke Unzufriedenheit entsteht. Basisfaktoren werden vor allem durch bereits vorhandene Systeme geprägt. Für deren Ermittlung eignen sich deshalb besonders Beobachtungstechniken und dokumentenzentrierte Techniken.

Basisfaktoren

Leistungsfaktoren (bewusste Anforderungen) sind die Merkmale, die der Stakeholder bewusst und explizit fordert. Die Erfüllung dieser Merkmale erzeugt Stakeholderzufriedenheit und ist erstrebenswert. Fehlen einige der geforderten Merkmale, akzeptiert der Stakeholder das Produkt vermutlich, doch seine Zufriedenheit sinkt mit jedem fehlenden Leistungsfaktor. Leistungsfaktoren lassen sich gut durch Befragungstechniken ermitteln.

Leistungsfaktoren

Begeisterungsfaktoren (unbewusste Anforderungen) sind Merkmale eines Systems, deren Wert ein Stakeholder erst erkennt, wenn er sie selbst ausprobieren kann oder sie vom Requirements Engineer vorgeschlagen bekommt. Für die Ermittlung solcher Begeisterungsfaktoren sind insbesondere Kreativitätstechniken geeignet.

Begeisterungsfaktoren

3.3 Ermittlungstechniken

Anforderungsermittlung: kein Universalrezept

Das Hauptziel aller Ermittlungstechniken ist die Unterstützung bei der Ermittlung von Wissen und Anforderungen der Stakeholder. Ihre Einsatzmöglichkeiten hängen von den jeweiligen Ausgangsbedingungen ab. Die bewusste und situationsangepasste Nutzung von Ermittlungstechniken bietet die Möglichkeit, die Anforderungsermittlung an die in einem Projekt auftretenden Randbedingungen anzupassen und möglichst vollständige Anforderungen zu erhalten.

3.3.1 Arten von Ermittlungstechniken

Einflussfaktoren auf die Wahl der Ermittlungstechnik

Ermittlungstechniken erfüllen den Zweck, die bewussten, unbewussten und unterbewussten Anforderungen der Stakeholder herauszufinden. Es existiert jedoch keine universelle Methode, um Anforderungen zu ermitteln [Hickey und Davis 2003]. Jedes Projekt besitzt zwar individuelle Randbedingungen, einen eigenen Charakter und ist einzigartig, ist jedoch stets mit einigen Ermittlungstechniken kompatibel. Die wichtigsten Einflussfaktoren auf die Wahl der Ermittlungstechnik sind:

- die Unterscheidung nach bewussten, unbewussten und unterbewussten Anforderungen, die ermittelt werden sollen;
- die Termin- und Budgetvorgaben sowie die Verfügbarkeit relevanter Stakeholder;
- die Erfahrung des Requirements Engineer mit der entsprechenden Ermittlungstechnik;
- die Chancen und Risiken des Projekts.

Risikofaktoren

Der erste wichtige Schritt bei der Auswahl der geeigneten Ermittlungstechnik ist die Analyse der kritischen Randbedingungen des Projekts, der sogenannten Risikofaktoren. Diese entspringen meistens menschlichen, organisatorischen oder inhaltlich fachlichen Einflüssen, die im Folgenden näher erläutert werden.

Menschliche Einflüsse

In der Anforderungsermittlungsphase, auf die Stakeholder einen hohen Einfluss ausüben, ist eine gute Kommunikation entscheidend. Für die Sicherstellung der Kommunikationsqualität zwischen Requirements Engineer und Stakeholder müssen bei der Anwendung der Ermittlungstechniken zusätzlich die Anforderungsart, die angestrebte Detaillierungsebene und die Erfahrung des Requirement Engineer und der Befragten mit den Vorgehensweisen der Ermittlungstechniken geklärt werden.

Soziale, gruppendynamische und kognitive Fähigkeiten der Stakeholder haben auf die Auswahl einer geeigneten Ermittlungstechnik hohen Einfluss. Ob das Wissen, das ermittelt wird, den Einzelnen explizit bewusst ist oder eher selbstverständlich und implizit vorliegt (also versteckt), beeinflusst ebenfalls die Wahl der Ermittlungstechnik.

Organisatorische Einflüsse

Zudem müssen die organisatorischen Risikofaktoren des Projekts untersucht werden. Hierzu gehört die Unterscheidung zwischen einem Festpreis- und einem Werkvertrag, handelt es sich um eine Neuentwicklung oder um eine Erweiterung eines Altsystems, die räumliche und zeitliche Verfügbarkeit der Stakeholder etc.

Fachlich inhaltliche Einflüsse

Darüber hinaus ist es notwendig, die Risikofaktoren bzgl. des fachlichen Inhalts der Anforderungen zu berücksichtigen. Besitzt das System eine hohe Komplexität, so empfiehlt sich der Einsatz von strukturierenden Ansätzen bei der Ermittlung, um die Komplexität der fachlichen Inhalte in verstehbare Teile zu zerlegen.

Techniken situationsbedingt kombinieren und Risiken senken

Ein weiterer Einflussfaktor für die Wahl der Ermittlungstechniken ist der angestrebte Detaillierungsgrad der Anforderungen. Abstrakte Anforderungen lassen sich sehr gut mit Kreativitätstechniken ermitteln. Zusammen mit den Stakeholdern kann so eine Vision für das System erstellt oder wichtige Eigenschaften des Systems gesammelt werden. Befragungs- oder Beobachtungstechniken helfen dabei, Anforderungen mittlerer Detailebenen zu bestimmen [Robertson 2002]. Detaillierte Anforderungen lassen sich sehr gut durch Techniken ermitteln, die existierende Dokumente nutzen, bzw. beliebig detaillierte Informationen lassen sich aus bereits bestehenden Systemen ausgraben.

Kombination von Ermittlungstechniken

Empfehlenswert ist es, verschiedene Techniken zu kombinieren, um dadurch viele Projektrisiken gleichzeitig positiv zu beeinflussen. Schwächen einer Ermittlungstechnik lassen sich durch den zusätzlichen Einsatz anderer Techniken ausgleichen, die genau bei diesem Risiko ihre Stärke zeigen.

3.3.2 Befragungstechniken

Ermittlung von explizitem Wissen

Mit Befragungstechniken wird versucht, direkt vom Stakeholder eine möglichst genaue und unverfälschte Aussage über seine Anforderungen an das System zu erhalten. Alle Befragungstechniken setzen voraus, dass der Befragte sein Wissen explizit ausdrücken kann und dass er bereit ist, Zeit und Engagement in die Ermittlung zu investieren. Befragungstechniken sind tendenziell vom Requirements Engineer getrieben, da dieser die Fragen vorgibt. Dadurch können Anliegen der Stakeholder eventuell verdrängt, vergessen oder vernachlässigt werden.

Interview

- Im Interview stellt der Requirements Engineer einem oder mehreren Stakeholdern vorgegebene Fragen und protokolliert deren Antworten. Im Gespräch auftretende Fragen können sofort geklärt werden, und der Requirements Engineer hat die Möglichkeit, durch geschickte Fragen auch unbewusste Anforderungen aufzudecken. Interviews können während der gesamten Systementwicklung eingesetzt werden. Ein erfahrener Interviewer passt den Verlauf des Gesprächs individuell an, geht konkret auf einzelne Stakeholder ein, fragt gezielt nach und sorgt somit durch Nachfragen für die Vollständigkeit der Antworten. Größter Nachteil dieser Ermittlungstechnik ist der hohe Zeitaufwand.

Fragebogen

- Mit offenen und/oder geschlossenen Fragen (z.B. Multiple-Choice-Fragen) können ebenfalls Anforderungen der Stakeholder ermittelt werden. Bei vielen zu befragenden Personen kann dies auch online stattfinden. Mit Fragebögen können in kurzer Zeit und mit geringen Kosten sehr viele Informationen eingeholt werden. Sofern im Fragebogen potenzielle Antworten vorformuliert werden, können auch Stakeholder, die ihr Wissen nicht formulieren können, ihre Wertung abgeben. Ein Nachteil des Fragebogens ist, dass damit nur abgefragt werden kann, was der Requirements Engineer bereits kennt oder vermutet. Die Erstellung eines guten Fragebogens ist oft aufwendig und erfordert fundiertes Wissen über die Anwendungsdomäne und über die Technik und Psychologie der Fragebogenerstellung. Darüber hinaus gibt es bei Fragebögen im Vergleich zu Interviews keine unmittelbare Rückkopplung zwischen Fragendem und Befragtem, sodass z.B. vergessene oder schlecht formulierte Fragen erst im Zuge der Auswertung des Fragebogens zutage treten.

3.3.3 Kreativitätstechniken

Erarbeitung von Innovationen

Kreativitätstechniken dienen dazu, innovative Anforderungen zu entwickeln, die erste Vision eines neuen Systems festzulegen und Begeisterungsfaktoren zu ermitteln. Kreativitätstechniken eignen sich allerdings in der Regel nicht dazu, detaillierte Anforderungen an das Systemverhalten herauszuarbeiten. Die folgenden Kreativitätstechniken sind sehr verbreitet [Maiden und Gizikis 2001]:

Brainstorming

- Beim Brainstorming werden in einer Gruppe von 5 bis 10 Personen in vorgegebener Zeit Ideen gesammelt und zunächst ohne Beurteilung und Kommentierung von einem Moderator notiert. Die Teilnehmer nutzen die Ideen der anderen Teilnehmer, um neue eigene Ideen zu entwickeln bzw. bestehende Ideen weiterzuentwickeln. Erst anschließend werden die Ideen einer sorgfältigen Analyse unterzogen. Besonders effektiv ist die Technik, wenn viele Personen unterschiedlicher Stakeholdergruppen beteiligt sind. Zu den Vorteilen dieser Technik zählt die Identifikation vieler Ideen in kurzer Zeit, wobei mehrere Personen gemeinsam diese Ideen weiterentwickeln. Die unreflektierte Sammlung der Ideen lässt zudem neue Lösungen entstehen. Weniger effektiv ist Brainstorming bei schwieriger Gruppendynamik oder unterschiedlich dominanten Teilnehmern. Für solche Situationen existieren andere Kreativitätstechniken wie z.B. die 6-3-5-Methode (6 Teilnehmer, je 3 Ideen, 5-mal weiterreichen) [Rohrbach 1969] oder das Brainwriting.

- *Brainstorming paradox*

  Brainstorming paradox ist eine Modifikation des Brainstormings, bei der Ereignisse gesammelt werden, die nicht erreicht werden sollen. Anschließend werden Maßnahmen entwickelt, wie die gefundenen Ereignisse verhindert werden können. Den Teilnehmern wird dabei oft bewusst, welche Aktionen zu negativen Resultaten führen. So können Risiken erkannt und geeignete Gegenmaßnahmen entwickelt werden. Die Vor- und Nachteile dieser Technik sind mit denen des klassischen Brainstormings identisch.

- *Perspektivenwechsel*

  Wechsel der Perspektive: Bei den Techniken, die mit Perspektivenwechseln arbeiten (der Einnahme unterschiedlicher Extrempositionen), ist die bekannteste Technik das sogenannte Sechs-Hut-Denken [DeBono 2006]. Jeder der sechs Hüte steht für eine andere Sichtweise, die von jedem Teilnehmer einmal eingenommen werden kann. Die resultierenden Lösungsansätze betrachten das Problem dadurch von mehreren Seiten. Auch von ihrer Sicht überzeugte Stakeholder werden so animiert, eine neue Sichtweise einzunehmen. Diese Technik ist hervorragend geeignet, wenn Stakeholder aufgrund einer gewohnten, stark eingeengten Sichtweise ihr Wissen nur sehr einseitig formulieren können, jedoch nicht, wenn die Anforderungen eine tiefe Detaillierungsebene erfordern, da die Technik sonst sehr aufwendig ist.

- *Analogietechnik*

  Analogietechniken (Bionik/Bisoziation): Bei der Bionik werden ähnliche Problemstellungen (und Lösungen) anhand analoger Strukturen in der Natur gesucht, in der Bisoziation sind auch Analogien außerhalb der Natur möglich. Voraussetzung hierfür ist die Fähigkeit der Beteiligten zum analogen Denken, viel Zeit und eine tiefe Fachkenntnis des Bereichs, mit dem die Analogie gezogen werden soll. Analogietechniken können verdeckt oder offen angewendet werden. Bei der verdeckten Anwendung kennt der befragte Personenkreis nur das Analogon, und der Requirements Engineer übernimmt die Übertragung der Ergebnisse in den realen Problembereich. Bei der offenen Anwendung einer Analogietechnik sind den Stakeholdern der reale Problembereich, aber auch das Analogon, über das diskutiert wird, bekannt.

3.3.4 Dokumentenzentrierte Techniken

Wiederverwendung existierender Anforderungen

Dokumentenzentrierte Techniken verwenden Lösungen und Erfahrungen bestehender Systeme wieder. Im Falle der Ablösung eines Altsystems stellt diese Technik sicher, dass die gesamte Funktionalität des Altsystems identifiziert werden kann. Dokumentenzentrierte Techniken sollten mit anderen Ermittlungstechniken kombiniert werden, um die Gültigkeit der ermittelten Anforderungen zu bestimmen und um neue Anforderungen an das zu entwickelnde System herauszufinden.

Systemarchäologie

- *Systemarchäologie* ist eine Technik, um Informationen bzgl. eines neuen Systems aus der Dokumentation oder der Implementierung eines Altsystems oder Konkurrenzsystems herauszuholen. Sie wird oft angewandt, wenn das explizite Wissen über die im System implementierte Fachlogik teils oder ganz verloren ging. Durch eine Analyse des bestehenden Codes wird sichergestellt, dass keine der bereits implementierten Funktionalitäten vergessen wird, und zumindest die Fachlogik des Altsystems wird erneut erhoben. Das Verfahren führt zu vielen sehr detaillierten Anforderungen und ist aufwendig. Systemarchäologie ist allerdings die einzige Ermittlungstechnik, die eine vollständige Umsetzung von Alt- in Neusysteme gewährleistet. Bei einer deutlichen Abweichung des Funktionsumfangs zwischen Neusystem und Altsystem muss bereits frühzeitig eine zusätzliche Ermittlungstechnik benutzt werden, z.B. eine Kreativitätstechnik.

Perspektivenbasiertes Lesen

- *Perspektivenbasiertes Lesen* (siehe Abschnitt 7.5.4) wird genutzt, um ein Dokument aus einer vorbestimmten Perspektive zu lesen, z.B. aus der Perspektive des Realisierers oder der des Testers. Hierdurch können Inhalte des Dokuments, die für die festgelegte Perspektive nicht relevant sind, ignoriert werden. Somit wird eine auf spezielle Bereiche fokussierte Analyse von existierenden Dokumenten ermöglicht. Es können z.B. detaillierte, technologie- oder umsetzungsabhängige Inhalte von den essenziellen, fachlichen Inhalten, die evtl. für ein Nachfolgesystem in Betracht kommen, getrennt werden.

- *Wiederverwendung (Reuse):* Einmal erarbeitete und auf einen entsprechenden qualitativen Stand gebrachte Anforderungen können wiederverwendet werden. Hierfür werden die Anforderungen z.B. in einer Datenbank gespeichert und nach benötigter Detailebene zur Wiederverwendung bereitgehalten. Durch Wiederverwendung können die Kosten der Anforderungsermittlung wesentlich reduziert werden.

Wiederverwendung

3.3.5 Beobachtungstechniken

Beobachtungen hinterfragen und Prozesse optimieren

Für Situationen, in denen Fachspezialisten nicht die Zeit besitzen, das benötigte Wissen an den Requirements Engineer weiterzugeben, oder nicht fähig sind, dieses Wissen zu formulieren, eignen sich Beobachtungstechniken. Dabei werden die entsprechenden Stakeholder vom Requirements Engineer bei ihrer Arbeit beobachtet, ihre Arbeitsschritte dokumentiert und daraus die vom System zu unterstützenden Arbeitsabläufe, aber auch potenzielle Fehler, Risiken und offene Fragen ermittelt. Dies alles sind potenzielle Kandidaten, um daraus Anforderungen zu formulieren. Die Stakeholder können dem Requirements Engineer ihr Wissen hierbei aktiv in der Anwendung demonstrieren oder nur beobachtet werden. Dabei sollte der Requirements Engineer die beobachteten Abläufe hinterfragen, um die Sollsituation zu ermitteln, da ansonsten die Gefahr besteht, dass viele veraltete Technologie-Entscheidungen und suboptimale Prozesse (Istsituation) dokumentiert werden. Als externer Beobachter hat der Requirements Engineer gute Chancen, ineffiziente Prozesse zu erkennen und bessere Lösungen vorzuschlagen. Er besitzt mehr Abstand zum gelebten Prozess als die Stakeholder, die häufig aus Gewohnheit ihre Arbeitsschritte wiederholen, ohne sie kritisch zu reflektieren. Beobachtungstechniken eignen sich gut dazu, detaillierte Anforderungen und Basisfaktoren zu ermitteln, denn der Requirements Engineer nimmt Basisfaktoren wahr, die viele Stakeholder als bekannt voraussetzen oder nur unbewusst kennen. Außerdem lernt der Requirements Engineer dabei den jeweiligen Fachjargon, was weitere Befragungen erleichtert. Leistungsfaktoren können nur beobachtet werden, wenn sie bereits im gelebten Prozess oder Vorgängersystem umgesetzt sind, deshalb eignet sich diese Technik nicht bei völlig neuen Prozessen. In der Systementwicklung eignen sich insbesondere die Feldbeobachtung und das »Apprenticing« als Ermittlungstechniken.

Feldbeobachtung

- Der Requirements Engineer ist vor Ort bei den Spezialisten bzw. Anwendern des Systems und beobachtet und dokumentiert unmittelbar die stattfindenden Prozesse, Handgriffe und Arbeitsabläufe. Aus diesen Beobachtungen ermittelt er die Anforderungen. Häufig wird dies durch Audio- oder Videoaufzeichnungen unterstützt. Diese Technik ist gut geeignet bei sprachlich schwer vermittelbaren Arbeitsabläufen, jedoch nur bei wirklich beobachtbaren Abläufen.

Apprenticing

- Das Apprenticing (»in die Lehre gehen«) erfordert vom Requirements Engineer, dass er die Tätigkeiten der Stakeholder konkret erlernen und ausführen muss. Wie ein Lehrling wird der Requirements Engineer aufgefordert, unklare und unverständliche Handlungsschritte sofort zu hinterfragen, um in dem Bereich Erfahrung zu sammeln. Er kann hierdurch Anforderungen erfahren, die für den Stakeholder so selbstverständlich sind, dass er sie nicht mehr äußert. Ein weiterer Vorteil ist, dass das typische Machtverhältnis zwischen dem fragenden Requirements Engineer und dem antwortenden Spezialisten umgekehrt wird, denn der Stakeholder nimmt nun die Rolle des »Meisters« ein, der Wissen hat, das dem Lehrling noch fehlt.

3.3.6 Unterstützende Techniken

Unterstützende Techniken dienen bei der Anwendung von Ermittlungstechniken als Ergänzung und versuchen, Schwächen der gewählten Ermittlungstechnik auszugleichen.

Mindmapping

- Mindmapping ist das Anlegen einer grafischen Darstellung, die Verfeinerungsbeziehungen und Abhängigkeiten zwischen den Begriffen grafisch abbildet. Mindmapping wird häufig als unterstützende Technik für das Brainstorming oder Brainstorming paradox verwendet.

Workshops

- In einem Zusammentreffen von Requirements Engineers und Stakeholdern wird das Thema, was das System leisten soll, intensiv erarbeitet. Zum Beispiel können in einem *Workshop* die benötigten Benutzerschnittstellen des Systems entworfen werden [Gottesdiener 2002].

CRC-Karten

- Bei der *CRC*-Karten-Technik *(CRC – Class Responsibility Collaboration)* werden Kontextaspekte genommen und auf einer Karteikarte deren jeweilige Eigenschaften (Attribute) und Beziehungen notiert. Anhand dieser werden dann die Anforderungen erarbeitet.

Audio- und Videoaufzeichnung

- *Audio- und Videoaufzeichnungen* sind sehr gut geeignet zur Ermittlung von Anforderungen bei schlechter Verfügbarkeit der

Stakeholder, knappem Budget oder einer hohen Systemkritikalität. Insbesondere bei der Feldbeobachtung helfen sie, schnell ablaufende Prozesse für den Requirements Engineer reproduzierbar zu machen. Nachteilig ist, dass durch die Aufzeichnung sich die beteiligten Personen evtl. überwacht fühlen und dadurch verfälschte Aussagen liefern oder im Extremfall die Zusammenarbeit verweigern könnten.

- *Use-Case-Modellierung (Anwendungsfallmodellierung):* Mit Use Cases wird zunächst die Außensicht des zu erstellenden Systems dokumentiert. Zwischen dem auslösenden Ereignis und dem vom System erwarteten Ergebnis wird jeweils ein Use Case definiert, der durch das System unterstützt werden muss (siehe Abschnitt 6.3).

Darstellung von Anwendungsabläufen

- *Prototypen* eignen sich besonders zum Hinterfragen von bereits erarbeiteten Anforderungen und zur Ermittlung von Anforderungen in Situationen, in denen die Stakeholder nur vage Vorstellungen von dem haben, was entwickelt werden soll. Mögliche Konsequenzen von neuen bzw. geänderten Anforderungen können somit leichter erkannt werden. Zum Beispiel werden in der Praxis oft User-Interface-Prototypen eingesetzt, um zusätzliche funktionale Anforderungen zu finden.

Prototypen zur Veranschaulichung

3.4 Zusammenfassung

Anforderungen zu ermitteln ist eine der Haupttätigkeiten des Requirements Engineering. Neben Dokumenten und existierenden Systemen sind Stakeholder die Hauptquelle für Anforderungen. Ausschlaggebend für eine gute Kommunikation und nicht zuletzt für die Qualität der Zusammenarbeit mit den Stakeholdern ist es, die beiderseitigen Rechte und Pflichten bereits im Vorfeld abzustimmen, um die Stakeholder erfolgreich in den Ermittlungsprozess einbinden zu können. Die Wahl der richtigen Ermittlungstechniken für das jeweilige Projekt trifft der Requirements Engineer aufgrund der gegebenen menschlichen, organisatorischen und inhaltlich fachlichen Randbedingungen.

4 Anforderungen dokumentieren

Im Requirements Engineering müssen unterschiedliche Informationen dokumentiert werden, die in den einzelnen Aktivitäten anfallen bzw. erarbeitet werden. Hierzu gehören z.B. Protokolle von Interviews, Berichte zu Überprüfungs- und Abstimmungsaktivitäten oder auch Änderungsanträge. Die Hauptaufgabe der Dokumentation im Requirements Engineering ist es jedoch, die Anforderungen an das zu entwickelnde System geeignet zu dokumentieren.

4.1 Dokumentgestaltung

Als Dokumentationstechnik gilt jegliche Art der mehr oder weniger formalen Darstellung, die die Verständigung zwischen den einzelnen Stakeholdern erleichtert und die Qualität der dokumentierten Anforderungen erhöht. Prinzipiell sind angefangen von natürlichsprachiger Beschreibung in Prosaform über strukturierten natürlichsprachigen Text bis hin zu formaleren Techniken (z.B. Zustandsdiagramme) alle Dokumentationstechniken zur Dokumentation von Anforderungen einsetzbar.

Definition 4-1: *Anforderungsdokument/-spezifikation*

Eine Anforderungsspezifikation ist ein Dokument, das spezifizierte Anforderungen enthält, d.h. Anforderungen, die definierten Spezifikationskriterien genügen.

Gründe für die Dokumentation

Im Lebenszyklus eines Anforderungsdokuments sind viele Personen in die Dokumentation eingebunden. Die Dokumentation nimmt bei der Kommunikation eine zielgerichtete, unterstützende Funktion ein. Die wesentlichen Gründe für die Dokumentation von Anforderungen sind:

Zentrale Bedeutung von Anforderungen

- *Anforderungen sind Basis für die Systementwicklung:* Anforderungen werden in jeglicher Form im Requirements Engineering, beim Entwurf, in der Realisierung oder im Test direkt oder indirekt auf das Projektgeschehen einwirken. Die Qualität einer Anforderung bzw. des Anforderungsdokuments hat entscheidenden Einfluss auf den späteren Projektverlauf und somit auf den Projekterfolg.

Rechtliche Relevanz

- *Anforderungen sind rechtlich relevant:* Anforderungen sind für den Auftraggeber und Auftragnehmer rechtlich verbindlich und können eingefordert werden. Durch die schriftliche Dokumentation der Anforderungen können im Streitfall rechtliche Konflikte zwischen den Beteiligten zügig geklärt werden.

Komplexität

- *Anforderungsdokumente sind komplex:* Systeme, die tausende von Anforderungen besitzen, die wiederum vielschichtig miteinander in Beziehung stehen, stellen in der Praxis keine Ausnahme dar. Ohne geeignete Dokumentation wird es für alle Beteiligten schwierig, den Überblick zu bewahren.

Zugreifbarkeit

- *Anforderungen sollten allen Beteiligten zugänglich sein:* Projekte durchwandern mit der Zeit eine »Entwicklung« – sowohl inhaltlich als auch personell. Durch die Gewährleistung einer permanenten Verfügbarkeit des aktuellen Informationsstands vermeidet man Unklarheiten und ermöglicht Personen, die neu ins Projekt kommen, eine schnelle Einarbeitung.

Ein weiteres Argument für eine gute, projektunterstützende Dokumentation ist die Tatsache, dass unterschiedliche Mitarbeiter fast nie die exakt gleiche Auffassung von einem Sachverhalt haben. Aus diesem Grund sollten Anforderungen so dokumentiert sein, dass sie den Qualitätsansprüchen aller Adressaten genügen.

4.2 Arten der Dokumentation

Die Anforderungen an ein System können in drei unterschiedlichen Perspektiven dokumentiert werden. Dafür werden in der Praxis sowohl die natürliche Sprache als auch konzeptuelle Modelle eingesetzt und dabei häufig miteinander zweckmäßig kombiniert.

4.2.1 Die drei Perspektiven von Anforderungen

Die Anforderungen an ein System können in drei unterschiedlichen Perspektiven auf das zu entwickelnde System dokumentiert werden.

- In der *Strukturperspektive* wird eine statisch-strukturelle Perspektive auf die Anforderungen an das System eingenommen. In dieser Perspektive werden z.B. die Struktur von Ein- und Ausgabedaten sowie die statisch-strukturellen Aspekte von Nutzungs- und Abhängigkeitsbeziehungen des Systems im Systemkontext dokumentiert (z.B. die zu nutzenden Dienste eines externen Systems).

Strukturperspektive

- In der *Funktionsperspektive* wird dokumentiert, welche Informationen (Daten) aus dem Systemkontext durch das zu entwickelnde System bzw. dessen Funktionen manipuliert werden und welche Daten vom System in den Systemkontext fließen. Gegebenenfalls wird auch die Systematik der Funktionsausführung zur Verarbeitung der Eingabedaten dokumentiert.

Funktionsperspektive

- In der *Verhaltensperspektive* wird das System und dessen Einbettung in den Systemkontext zustandsorientiert dokumentiert, indem z.B. die Reaktion des Systems auf Ereignisse im Systemkontext, Bedingungen eines Zustandswechsels sowie Effekte dokumentiert werden, die das System in der Umgebung erbringen soll (z.B. Effekt des betrachteten Systems, der für ein anderes System im Systemkontext ein Ereignis darstellt).

Verhaltensperspektive

4.2.2 Dokumentation von Anforderungen in natürlicher Sprache

Vorteile der Verwendung natürlicher Sprache

Die natürliche Sprache, insbesondere Prosa, ist die in der Praxis am häufigsten genutzte Dokumentationsform für Anforderungen. Gegenüber anderen Notationsformen hat Prosa einen entscheidenden Vorteil: Keiner der Stakeholder muss eine neue Notation erlernen. Weiterhin ist Sprache sehr vielseitig einsetzbar – der Requirements Engineer kann mittels natürlicher Sprache alle Arten von Anforderungen ausdrücken.

Nachteile der Verwendung natürlicher Sprache

Die natürlichsprachige Dokumentation von Anforderungen eignet sich zur Dokumentation von Anforderungen in jeder der drei Perspektiven. Allerdings besteht bei der natürlichsprachigen Dokumentation die Gefahr, dass Anforderungen mehrdeutig sind und dass im Zuge der Dokumentation von Anforderungen die verschiedenen Perspektiven unbeabsichtigt vermischt werden, sodass die Informationen zu einer einzelnen Perspektive nur schwer aus den natürlichsprachigen Anforderungen isoliert werden können.

4.2.3 Dokumentation von Anforderungen durch konzeptuelle Modelle

Im Gegensatz zur natürlichen Sprache können die einzelnen Typen konzeptueller Modelle nicht universell eingesetzt werden. In der Dokumentation von Anforderungen durch konzeptuelle Modelle existieren einzelne Modellierungssprachen, die es gestatten, die Anforderungen isoliert in jeder der drei Perspektiven zu dokumentieren. Die richtige Verwendung einer entsprechenden Modellierungssprache vorausgesetzt, stellt diese konstruktiv sicher, dass die erstellten Modelle nur Anforderungen der jeweiligen Perspektive dokumentieren. Sie stellen die dokumentierten Anforderungen im Vergleich zum Einsatz natürlicher Sprache kompakter und somit für den geübten Leser verständlicher dar. Zudem bieten konzeptuelle Modelle aufgrund ihres höheren Grades an Formalität einen höheren Grad der Eindeutigkeit (d.h. weniger Möglichkeiten zur Interpretation) als natürliche Sprache. Allerdings setzt der Einsatz einer konzeptuellen Modellierungssprache zur Dokumentation von Anforderungen spezifische Modellierungskenntnisse voraus. Nachfolgend eine kurze Beschreibung der wichtigsten, in Kapitel 6 betrachteten Diagramme.

Überblick über Systemfunktionalität

Use-Case-Diagramm: Das Use-Case-Diagramm erlaubt es, einen ersten Überblick über die Funktionen des spezifizierten Systems zu erhalten. Ein Use Case (Anwendungsfall) beschreibt, welche Funktionen das System dem Benutzer zur Verfügung stellt und wie diese mit vorhandenen weiteren externen Interaktionspartnern in Verbindung stehen, jedoch nicht, welche Verantwortlichkeiten diese Funktionen im Detail haben (siehe Abschnitt 6.3).

Begriffssysteme und Datenmodellierung

Klassendiagramm: Das Klassendiagramm wird im Requirements Engineering u.a. verwendet, um Anforderungen im Hinblick auf die statische Struktur von Daten zu dokumentieren, um statisch-strukturelle Abhängigkeiten zwischen dem System und dem Systemkontext zu dokumentieren oder auch um komplexe Begriffssysteme von Fachgebieten strukturiert darzustellen (siehe Abschnitt 6.5.2).

Ablaufmodellierung

Aktivitätsdiagramm: Mittels Aktivitätsdiagrammen können im Requirements Engineering beispielsweise Geschäftsprozesse oder ablauforientierte Abhängigkeiten des Systems zu technischen Prozessen im Systemkontext dokumentiert werden. Aktivitätsdiagramme eignen sich auch zur Dokumentation der Ablauflogik eines Use Case oder zur detaillierten Spezifikation der Verarbeitungssystematik einzelner Operationen des Systems (siehe Abschnitt 6.6.3).

Ereignisgesteuertes Verhalten

Zustandsdiagramm: Zustandsdiagramme werden im Requirements Engineering zur Dokumentation des ereignisgesteuerten Verhaltens des

Systems verwendet. Der Fokus dieses Modelltyps liegt auf den einzelnen Zuständen des Systems, den Ereignissen und zugehörigen Bedingungen, die zu einem Zustandswechsel führen, sowie Effekte des Systems in dessen Umgebung.

4.2.4 Mischform von Anforderungsdokumenten

Kombinierter Einsatz von Dokumentationsarten

Anforderungsdokumente beinhalten in erster Linie Anforderungen. Zusätzlich ist es aber in vielen Situationen sinnvoll, ebenso Entscheidungen, wichtige Erläuterungen und andere relevante Informationen zu dokumentieren. Abhängig vom Leserkreis des Dokuments, der Perspektive auf das System und dem zu dokumentierenden Wissen werden geeignete Dokumentationsformen ausgewählt. Typischerweise enthalten Dokumente eine Kombination aus natürlichsprachigen Anforderungen und konzeptuellen Modellen. Diese Kombination ermöglicht es, die Vorteile beider Dokumentationsformen zu nutzen und die jeweiligen Nachteile jeder einzelnen Dokumentationsform weitgehend durch die Stärken der anderen zu verringern. So können z.B. Modelle durch natürlichsprachige Kommentare ergänzt werden oder auch natürlichsprachige Anforderungen ebenso wie natürlichsprachige Glossare durch Modelle übersichtlich zusammengefasst und zusätzlich deren Beziehungen untereinander festgehalten werden.

4.3 Dokumentenstrukturen

Anforderungsdokumente enthalten eine Vielzahl unterschiedlicher Informationen. Diese müssen für den Leser gut strukturiert dargestellt werden. Hierbei kann man auf standardisierte Dokumentenstrukturen zurückgreifen oder eine individuelle Dokumentenstruktur definieren.

4.3.1 Standardisierte Dokumentenstrukturen

Adaption bestehender Standardgliederungen

Standardgliederungen bieten ein vordefiniertes »Schubladenmodell«, in dem Informationen abgelegt werden können. Durch die Verwendung von Standardgliederungen wird eine Grobstruktur für das Anforderungsdokument vorgegeben, zusammen mit einer kurzen Beschreibung, welche Inhalte in den einzelnen Hauptkapiteln stehen sollten. Die Verwendung von Standardgliederungen hat folgende Vorteile:

- Standardgliederungen erleichtern die Einarbeitung neuer Mitarbeiter.

- Standardgliederungen ermöglichen eine schnellere Erfassung ausgewählter Inhalte.
- Standardgliederungen ermöglichen selektives Lesen/Überprüfen von Anforderungsdokumenten.
- Standardgliederungen ermöglichen eine automatische Überprüfung von Anforderungsdokumenten (z.B. auf Vollständigkeit).
- Standardgliederungen ermöglichen eine einfache Wiederverwendung von Inhalten in Anforderungsdokumenten.

Dabei ist zu beachten, dass diese Strukturen projektspezifisch angepasst werden müssen, um den entsprechenden Randbedingungen gerecht zu werden. Im Folgenden werden vier weitverbreitete standardisierte Dokumentenstrukturen vorgestellt:

Rational Unified Process

Der *Rational Unified Process (RUP)* [Kruchten 2001] wird meist für Softwaresysteme, die mit objektorientierten Methoden entwickelt werden, eingesetzt. Der Auftraggeber erstellt das *Business Model*, das unterschiedliche Artefakte aus der Geschäftswelt (z.B. Geschäftsregeln, Geschäftsanwendungsfälle, Geschäftsziele) beinhaltet und im weiteren Verlauf als Basis für die Anforderungen des Systems dient. Der Auftragnehmer nutzt die Strukturen der *Software Requirements Specification (SRS)*, um die Gesamtheit der Softwareanforderungen zu dokumentieren. Diese Strukturen orientieren sich stark am im Folgenden vorgestellten IEEE-Standard 830.

IEEE-Standard 830-1998

Der *IEEE-Standard 830-1998* [IEEE Std 830-1998] (Recommended Practice for Software Requirements Specifications) enthält eine Gliederung, die speziell für die Dokumentation von Softwareanforderungen entwickelt wurde. Dazu schlägt die Standardstruktur eine Unterteilung des Anforderungsdokuments in drei Hauptkapitel vor:

- Hauptkapitel mit einführenden Informationen (z.B. Systemzweck, Systemabgrenzung),
- Hauptkapitel für allgemeine Beschreibungen der Software (z.B. Perspektive des Systems, Merkmale der zukünftigen Benutzer, Einschränkungen für die Entwicklung) sowie
- Hauptkapitel für spezifische Anforderungen (z.B. funktionale Anforderungen, Performance, Schnittstellen).

V-Modell

Das *V-Modell* [V-Modell 2004] des Bundesministeriums des Inneren (BMI) gibt je nach Ersteller des Anforderungsdokuments unterschiedliche Strukturen vor:

- Das *Lastenheft* wird vom Auftraggeber erstellt und beschreibt die Gesamtheit der Forderungen betreffend der Lieferungen und Leistungen an den Auftragnehmer. Des Weiteren werden in vielen

Fällen zudem die Forderungen aus Anwendersicht einschließlich aller Randbedingungen an das System und den Entwicklungsprozess dokumentiert. In der Regel beschreibt das Lastenheft also, »was« und »wofür« etwas gemacht werden soll.
- Das *Pflichtenheft* baut auf den Vorgaben des Lastenhefts auf und enthält die vom Auftragnehmer erarbeiteten Realisierungsvorgaben aufgrund der Umsetzung des vom Auftraggeber vorgegebenen Lastenhefts. Somit kann das Pflichtenheft als Konkretisierung der Anforderungen und Randbedingungen des Lastenhefts verstanden werden.

4.3.2 Angepasste Standardinhalte

Die minimalen Inhalte

Wie in Abschnitt 4.3.1 dargestellt, werden in den meisten Fällen die Standards an die speziellen Projektrandbedingungen adaptiert. Die folgenden Punkte sollte jede gewählte Struktur umfassen:

Einleitung

Die Einleitung enthält dokumentübergreifende Informationen, die einen schnellen Überblick über das System gewährleisten.

- *Zweck:* Dieser Abschnitt beschreibt, warum das Anforderungsdokument verfasst wurde, und gibt die Zielgruppe bzw. den Leserkreis des Anforderungsdokuments an.
- *Systemumfang:* Dieser Teil befasst sich mit dem zu erstellenden System. Angaben wie Systemname, prinzipielle Vorteile und Ziele, die mit der Systemeinführung verbunden sind, sind hier einzugliedern.
- *Stakeholder:* Dieser Abschnitt enthält eine Auflistung der Stakeholder (Stakeholderliste) und deren relevante Informationen (siehe Abschnitt 3.1.1).
- *Definitionen, Akronyme und Abkürzungen:*[2] An dieser Stelle sollten die verwendeten Begriffe zentral definiert werden, um konsistent im Dokument verwendet werden zu können.
- *Referenzen:*[3] Sämtliche Dokumente, auf die im Anforderungsdokument verwiesen wird, werden hier aufgezählt.
- *Übersicht:* Am Ende der einleitenden Kapitel sollten die weiteren Inhalte und die Struktur (Aufbau) des Anforderungsdokuments erläutert werden.

---

[2] Dieser Absatz kann ggf. auch in den Anhang der Dokumentation.

[3] Dieser Absatz kann ggf. auch in den Anhang der Dokumentation.

Allgemeine Übersicht

Hier werden zusätzliche Informationen dokumentiert, die das Verständnis der Anforderungen erhöhen. Im Gegensatz zur Einleitung sind dies rein fachliche Informationen, die nicht der Verwaltung oder Organisation des Anforderungsdokuments dienen.

- *Systemumfeld:* Die Einbettung des Systems in das Umfeld steht in diesem Abschnitt im Vordergrund. Hier finden sich die Ergebnisse der System- und Kontextabgrenzung wieder.
- *Architekturbeschreibungen:* In diesem Abschnitt werden die fachlichen Schnittstellen des Systems (z.B. Benutzer-, Hardware- Software- und Kommunikationsschnittstellen), aber auch weitere Angaben (z.B. Speicherbeschränkungen) dokumentiert.
- *Systemfunktionalität:* Dieser Abschnitt beinhaltet die groben Funktionalitäten und Aufgaben des Systems, z.B. in Form eines Use-Case-Diagramms dokumentiert.
- *Nutzer und Zielgruppen:* Hier werden die verschiedenen Nutzer des Systems (Zielgruppe) aufgeführt.
- *Randbedingungen:* Hier sollten weitere, bisher nicht aufgeführte Bedingungen aufgelistet werden, die das Requirements Engineering beeinträchtigen können.
- *Annahmen:* Entscheidungen, z.B. bestimmte Teile des Systems aus Kostengründen nicht zu verwirklichen, oder allgemeine Annahmen über den Systemkontext, auf denen die Anforderungen beruhen, werden hier aufgeführt.

Anforderungen

Der Anforderungsteil enthält sowohl die funktionalen Anforderungen als auch die Qualitätsanforderungen.

Anhang

Hier können weiterführende Informationen, die das Dokument sinnvoll ergänzen, untergebracht werden. Zum Beispiel weiterführende Unterlagen zu Benutzercharakteristik, Standards, Konventionen oder Hintergrundinformationen zum Anforderungsdokument.

Index

Der Index enthält üblicherweise ein Inhaltsverzeichnis (Kapitelstruktur) und ein Indexverzeichnis. In dem hochgradig dynamischen Anforderungsdokument ist dies ein neuralgischer Punkt, der ständig aktuell zu halten ist.

4.4 Verwendung von Anforderungsdokumenten

Anforderungsdokumente als Grundlage für die Entwicklung

Im Laufe der Projektlaufzeit dienen Anforderungsdokumente als Grundlage für verschiedene Aufgaben. Einige dieser Aufgaben stellen wir im Folgenden vor:

- *Planung:* Basierend auf dem Anforderungsdokument können konkrete Arbeitspakete und Meilensteine für die Systemrealisierung definiert werden.
- *Architekturentwurf:* Die dokumentierten detaillierten Anforderungen (zusammen mit den Randbedingungen) bilden die Grundlage für den Entwurf der Systemarchitektur.
- *Implementierung:* Auf Grundlage des Architekturentwurfs wird das System anhand der dokumentierten Anforderungen implementiert.
- *Test:* Ausgehend von den im Anforderungsdokument dokumentierten Anforderungen werden Testfälle entwickelt, die später zur Überprüfung des Systems verwendet werden.
- *Änderungsmanagement:* Ändern sich Anforderungen, kann anhand des Anforderungsdokuments analysiert werden, inwieweit andere Teile des Anforderungsdokuments betroffen sind. Dies dient als Grundlage für die Abschätzung des Änderungsaufwands.
- *Systemnutzung und Systemwartung:* Das Anforderungsdokument wird auch nach der Entwicklung des Systems für die Wartung und den Support verwendet. So können konkrete Mängel, die in der Nutzung des Systems auftreten, anhand des Anforderungsdokuments analysiert werden, um z.B. festzustellen, ob es sich um Fehler in der Bedienung, um Anforderungsfehler oder um Implementierungsfehler handelt.
- *Vertragsmanagement:* Das Anforderungsdokument ist in vielen Fällen der primäre Vertragsgegenstand zwischen Auftraggeber und Auftragnehmer.

4.5 Qualitätskriterien für das Anforderungsdokument

Um eine geeignete Basis für die nachgelagerten Entwicklungsschritte zu bilden, muss das Anforderungsdokument bestimmten Qualitätskriterien genügen. Neben den im IEEE-Standard 830 [IEEE Std 830-1998] vorgeschlagenen Qualitätskriterien sollte das Anforderungsdokument eine klare Struktur und einen angemessenen Umfang besitzen. Für Anforderungsdokumente gelten also folgende Kriterien:

- Eindeutigkeit und Konsistenz [IEEE Std 830-1998]
- Klare Struktur
- Modifizierbarkeit und Erweiterbarkeit [IEEE Std 830-1998]
- Vollständigkeit [IEEE Std 830-1998]
- Verfolgbarkeit [IEEE Std 830-1998]

4.5.1 Eindeutigkeit und Konsistenz

Qualität der Einzelanforderungen ist Voraussetzung

Anforderungsdokumente können nur dann eindeutig und konsistent sein, wenn alle einzelnen Anforderungen in sich eindeutig und konsistent sind. Des Weiteren muss jedoch auch sichergestellt werden, dass sich einzelne Anforderungen untereinander nicht widersprechen. Um dies zu erreichen, ist der Einsatz eines konzeptuellen Modells zu empfehlen (siehe Kapitel 6). Ein weiterer Aspekt der Eindeutigkeit von Anforderungsdokumenten bezieht sich auf die eindeutige Identifizierbarkeit eines Anforderungsdokuments bzw. einer Anforderung in der Menge aller Anforderungsdokumente und Anforderungen eines Entwicklungsprojekts (siehe Abschnitt 8.5).

4.5.2 Klare Struktur

Ermöglicht selektives Lesen

Um sicherzustellen, dass das Anforderungsdokument für jeden Stakeholder lesbar ist, sollte es im Umfang angemessen und klar strukturiert sein. Leider lassen sich bzgl. eines angemessenen Umfangs keine eindeutigen Messwerte angeben. So kann ein eher umfangreiches Anforderungsdokument mit einer guten Struktur durchaus dem Kriterium nach angemessenem Umfang entsprechen, da die Struktur es dem Leser ermöglicht, die für ihn nicht relevanten Teile zu überspringen. Ein unstrukturiertes Anforderungsdokument gleichen Umfangs würde diesem Kriterium nicht entsprechen, da das Dokument zum Identifizieren relevanter Teile komplett gelesen werden müsste. Als guten Ausgangspunkt können die Standardstrukturen aus Abschnitt 4.3.1 herangezogen werden.

4.5.3 Modifizierbarkeit und Erweiterbarkeit

Inhalt und Struktur sollten die Änderbarkeit unterstützen

Anforderungsdokumente müssen erweiterbar sein. Es gibt stets Anforderungen, die nachträglich geändert, neu hinzugefügt oder entfernt werden müssen. Anforderungsdokumente sollten bzgl. Struktur und Aufbau leicht modifizierbar und erweiterbar sein. Anforderungsdokumente sollten der Versionsverwaltung des Projekts unterliegen.

4.5.4 Vollständigkeit

Zwei Arten der Vollständigkeit von Anforderungsdokumenten

Anforderungsdokumente müssen vollständig sein, d.h., sie müssen alle relevanten Anforderungen (und notwendigen Begleitinformationen) beinhalten, und jede Anforderung (bzw. Begleitinformation) im Anforderungsdokument muss vollständig dokumentiert sein.[4] Für jede gewünschte Funktionalität des Systems müssen alle möglichen Eingaben, eingehenden Ereignisse und die geforderten Reaktionen des Systems beschrieben werden. Dies beinhaltet insbesondere die Beschreibung von Fehler- und Ausnahmefällen. Auch Qualitätsanforderungen, wie z.B. Anforderungen bzgl. der Reaktionszeiten oder der Verfügbarkeit und Bedienbarkeit des Systems, müssen notiert werden.

Belege, Verweise und Quellenangaben sind formale Notwendigkeiten

Zur Vollständigkeit tragen aber auch formale Gesichtspunkte bei. Grafiken, Diagramme und Tabellen sollten beschriftet sein. Ein wichtiger Punkt ist das Vorhandensein konsistenter Quellen- und Abkürzungsverzeichnisse. Auch Definitionen oder Normreferenzen, die Begriffe verbindlich werden lassen, sind notwendiger Bestandteil eines jeden Anforderungsdokuments. Die Vollständigkeit des Anforderungsdokuments stellt eine große Herausforderung für das Requirements Engineering dar. Häufig muss dabei ein Kompromiss zwischen verfügbaren Zeitressourcen und der Vollständigkeit der Anforderungsdokumente getroffen werden.

[4] Streng genommen gilt diese Aussage jeweils nur für das Anforderungsdokument des nächsten anstehenden Systemrelease (vgl. Abschnitt 8.5.3).

4.5.5 Verfolgbarkeit (Traceability)

Beziehung zu anderen Entwicklungsdokumenten

Ein wichtiges Qualitätskriterium ist die Verfolgbarkeit von Beziehungen zwischen Anforderungsdokument und anderen Dokumenten (z.B. Geschäftsprozessmodell, Test- oder Entwurfspläne), die zeitgleich oder in vorangegangenen bzw. späteren Entwicklungsphasen erstellt werden. Diese Verfolgbarkeit unterstützt u.a. das Änderungsmanagement (siehe Abschnitt 8.4).

4.6 Qualitätskriterien für Anforderungen

Qualitätskriterien für Leserakzeptanz

Die im IEEE-Standard 830 [IEEE Std 830-1998] definierten Qualitätskriterien lassen sich auch auf einzelne dokumentierte Anforderungen beziehen. Zusätzlich zu diesen formellen Kriterien lassen sich weitere Qualitätskriterien für einzelne Anforderungen aufstellen, die vor allem der Akzeptanz durch die Leser der Spezifikation dienen. Die formellen Kriterien nach [IEEE Std 830-1998] sowie die leserakzeptanzfördernden Kriterien werden im Folgenden in komprimierter Form erläutert.

- *Abgestimmt:* Eine Anforderung ist dann abgestimmt, wenn sie für alle Stakeholder korrekt ist und alle Stakeholder sie als gültige Anforderung akzeptieren.
- *Bewertet* [IEEE Std 830-1998]: Ab einer gewissen Komplexität oder Größenordnung eines Systems ist es wichtig, die Anforderungen nach z.B. Wichtigkeit, rechtlicher Verbindlichkeit oder Priorität zu bewerten. Insbesondere dann, wenn nicht alle Funktionalitäten in einem Systemrelease sofort umgesetzt werden können, muss durch die Stakeholder eine Bewertung der Anforderungen durchgeführt werden.
- *Eindeutig* [IEEE Std 830-1998]: Eine eindeutig dokumentierte Anforderung kann nur auf eine Art und Weise verstanden werden. Es darf nicht möglich sein, andere Sachverhalte hineinzuinterpretieren. Alle Leser einer Anforderung müssen zu einem einzigen, konsequenten Verständnis der Anforderung gelangen.
- *Gültig und aktuell:* Eine Anforderung muss die Gegebenheiten im Systemkontext so widerspiegeln, dass die dokumentierte Anforderung hinsichtlich der aktuellen Gegebenheiten im Systemkontext gültig ist. Die aktuellen Gegebenheiten beziehen sich z.B. auf die Vorstellungen der verschiedenen Stakeholder, auf relevante Standards oder auf die Schnittstellen externer Systeme.

- *Korrekt* [IEEE Std 830-1998]: Eine Anforderung ist korrekt, wenn sie die Vorstellung des Stakeholders adäquat widerspiegelt. Dies bedeutet im weiteren Schluss, dass die Anforderung nicht über das hinausgehen darf, was der Stakeholder erwartet. Um dies überprüfen zu können, müssen die Stakeholder die Anforderungsdokumentation lesen und verstehen können. Somit lässt sich die Korrektheit der Spezifikation nur dann prüfen, wenn das Kriterium der Verständlichkeit auch erfüllt ist.
- *Konsistent* [IEEE Std 830-1998]: Anforderungen müssen gegenüber allen anderen Anforderungen konsistent, sprich widerspruchsfrei sein – unabhängig vom Abstraktionsgrad oder der Dokumentationsform. Zudem muss eine einzelne Anforderung so formuliert werden, dass sie in sich konsistent ist, d.h., dass die Anforderung selbst keine Widersprüche enthält.
- *Prüfbar* [IEEE Std 830-1998]: Eine Anforderung muss so beschrieben sein, dass sie prüfbar ist. Das heißt, eine Funktionalität, die durch eine Anforderung gefordert wird, muss sich durch einen Test oder eine Messung nachweisen lassen.
- *Realisierbar:* Es muss möglich sein, jede Anforderung innerhalb der gegebenen organisatorischen, rechtlichen, technischen und finanziellen Randbedingungen umzusetzen. Dies bedeutet, dass ein Mitarbeiter aus dem Entwicklungsteam an der Bewertung von Zielen und Anforderungen beteiligt werden sollte, der die technologischen Grenzen der Umsetzung einzelner Anforderungen aufzeigen kann. Zudem müssen die Kosten für die Umsetzung in die Beurteilung mit einbezogen werden. Bisweilen nehmen Stakeholder Anforderungen zurück, wenn deutlich ist, welche Kosten für die Realisierung entstehen.
- *Verfolgbar* [IEEE Std 830-1998]: Eine Anforderung ist nachvollziehbar, wenn sowohl der Ursprung der Anforderung als auch deren Umsetzung und die Beziehung zu anderen Dokumenten nachvollziehbar ist. Sichergestellt wird dies über einen eindeutigen Anforderungsidentifikator. Über diese eindeutigen Identifikatoren können auch abgeleitete Anforderungen verschiedener Spezifikationsebenen verbunden werden, sodass z.B. ein Systemziel über alle Detaillierungsebenen hinweg, vom Entwurf bis zur Realisierung und dem Test, verfolgt werden kann. Details hierzu finden sich in Abschnitt 8.4.
- *Vollständig* [IEEE Std 830-1998]: Jede einzelne Anforderung muss die geforderte und zu liefernde Funktionalität vollständig beschreiben. Anforderungen, die noch unvollständig sind, müssen entsprechend gekennzeichnet werden, z.B. durch Einfügen von »tbd« (»to

be determined«) in den Text oder durch einen entsprechenden Status. Diese Markierungen können dann systematisch gesucht und durch die noch fehlenden Informationen ersetzt werden.

- *Verständlich:* Die Anforderungen müssen für alle Stakeholder verständlich sein. Aus diesem Grund kann sich die Art der Dokumentation von Anforderungen (siehe Abschnitt 4.2) je nach Phase (und damit auch unterschiedlichen beteiligten Personen) stark unterscheiden. Im Requirements Engineering ist es wichtig, die Bedeutung der verwendeten Begrifflichkeiten festzulegen (siehe Abschnitt 4.7).

Grundprinzipien der Verständlichkeit

Neben den Qualitätskriterien für Anforderungen gibt es zwei weitere elementare Regeln, die die Lesbarkeit von Anforderungen fördern:

- *Kurze Sätze und kurze Absätze:* Zusammengehörende Sachverhalte sollten max. sieben Sätze umfassen – das menschliche Kurzzeitgedächtnis ist begrenzt.
- *Nur eine Anforderung pro Satz formulieren:* Anforderungen werden im Aktiv formuliert und enthalten nur ein Prozesswort (Verb). Lange, komplizierte Schachtelsätze sind zu vermeiden.

4.7 Glossar

Eine häufige Ursache von Konflikten im Requirements Engineering liegt im unterschiedlichen Begriffsverständnis der am Entwicklungsprozess beteiligten Personen. Um Probleme zu vermeiden, die aus einem uneinheitlichen Begriffsverständnis resultieren, ist es notwendig, dass alle am Entwicklungsprozess beteiligten Personen eine konsistente Terminologie verwenden. Hierzu sind alle relevanten Begriffe in einem Glossar zu definieren. Ein Glossar ist eine Sammlung von Begriffsdefinitionen und enthält:

- Kontextspezifische Fachbegriffe
- Abkürzungen und Akronyme
- Alltägliche Begriffe, die im gegebenen Kontext eine spezifische Bedeutung haben
- Synonyme: verschiedene Begriffe mit der gleichen Bedeutung
- Homonyme: Begriff mit verschiedenen Bedeutungen

Einheitliche Definitionen

Durch die Festlegung der Bedeutung von Begriffen lässt sich die Verständlichkeit der Anforderungen wesentlich steigern. Missverständnisse bzw. unterschiedliche Interpretationen von Begriffen werden dadurch von vornherein vermieden, die ggf. später zu Konflikten führen können.

Wiederverwendung von Glossareinträgen

Häufig treten in unterschiedlichen Projekten gleiche oder ähnliche Begriffe auf, beispielsweise wenn ein System in der gleichen Branche, jedoch für unterschiedliche Kunden entwickelt wird. Hier sollten bereits vorhandene Glossareinträge wiederverwendet werden. Eventuell bietet es sich sogar an, derartige Begriffe in einem zentralen, projektübergreifenden Glossar zu definieren. Der Aufwand für diese Arbeit wird sich in Folgeprojekten auszahlen. Für bestimmte Fachgebiete existieren bereits öffentlich zugängliche Sammlungen von Definitionen, die als Grundlage für den Aufbau spezifischer Glossare dienen können. Zum Beispiel werden in [IEEE Std 610.12-1990] typische Begriffe des Software Engineering definiert.

Regeln für den Umgang mit einem Glossar

Grundregeln zur Glossarnutzung

Da ein Glossar zwingend notwendig ist, gilt es, Folgendes zu beachten:

- *Das Glossar muss zentral verwaltet werden:* Zu jedem Zeitpunkt existiert genau ein gültiges Glossar, das an zentraler Stelle abgelegt ist. Mehrere gültige Versionen eines Glossars sind nicht zulässig.
- *Verantwortlichkeit schaffen:* Es muss eine konkrete Person bestimmt werden, die für die Aktualität und Konsistenz des Glossars verantwortlich ist. Die für diese Aufgabe notwendigen Ressourcen müssen im Projektplan berücksichtigt werden.
- *Das Glossar muss projektbegleitend gepflegt werden:* Um die Konsistenz und die Aktualität eines Glossars zu gewährleisten, muss es von einem Verantwortlichen über die gesamte Projektlaufzeit hinweg gepflegt werden.
- *Das Glossar muss allgemein zugänglich sein:* Die Definitionen müssen allen Projektbeteiligten zur Verfügung stehen. Nur so wird ein einheitliches Begriffsverständnis etabliert.
- *Das Glossar muss verbindlich verwendet werden:* Alle Projektbeteiligten müssen die im Glossar festgelegten Begriffe im Projekt verbindlich verwenden.
- *Die Herkunft der Begriffe sollte im Glossar enthalten sein:* Um zu jedem Zeitpunkt des Projekts bei Problemen und Fragen die Quelle einer Information im Glossar erschließen zu können, sollte deren Herkunft enthalten sein.
- *Das Glossar sollte mit den Stakeholdern abgestimmt sein:* Nur die Stakeholder können die fachlichen Definitionen für ihren Projektkontext zuverlässig validieren. Jede Definition sollte mit den Stakeholdern oder einem Vertreter der verschiedenen Stakeholder-

gruppen abgestimmt werden. Des Weiteren sollten die einzelnen Begriffsdefinitionen im Glossar explizit freigegeben werden. Diese Freigabe signalisiert, dass die entsprechenden Begrifflichkeiten korrekt und verbindlich zu verwenden sind.

- *Die Einträge des Glossars müssen eine einheitliche Struktur aufweisen:* Die Einträge im Glossar müssen einheitlich strukturiert sein. Zur Unterstützung der einheitlichen Dokumentation empfiehlt sich die Verwendung einer Schablone für Glossardefinitionen. Neben der Definition der Begriffsbedeutung sollte eine entsprechende Schablone auch die Angabe von Synonymen und Homonymen vorsehen.

Um den späteren Aufwand zum Angleichen der Begrifflichkeiten zu reduzieren, ist es empfehlenswert, frühzeitig mit dem Aufbau eines Glossars zu beginnen.

4.8 Zusammenfassung

Die Dokumentation von Anforderungen spielt eine zentrale Rolle im Requirements Engineering. Bei einer oftmals unüberschaubaren Menge an Anforderungen ist es enorm wichtig, diese übersichtlich zu strukturieren und auch für projektfremde Personen verstehbar darzustellen. Das Auffinden oder Ändern von Anforderungen wird dadurch erleichtert und beschleunigt und somit auch die Einhaltung der Qualitätskriterien für Anforderungsdokumente unterstützt. Bewährt hat sich hierzu der Einsatz von angepassten Dokumentenvorlagen. Diese werden mit projektspezifischen Anforderungen in natürlicher Sprache in Kombination mit konzeptuellen Anforderungsmodellen vervollständigt.

5 Anforderungen natürlichsprachig dokumentieren

Die ermittelten Anforderungen an das zu entwickelnde System werden oftmals unter Verwendung der natürlichen Sprache dokumentiert. Die natürliche Sprache hat dabei den Vorteil, dass sie (vermeintlich) ohne Einarbeitungszeit von jedem Stakeholder gelesen und verstanden werden kann [Robertson und Robertson 2006]. Darüber hinaus besitzt die natürliche Sprache die Eigenschaft, dass sie universell in dem Sinne ist, dass sie zur Beschreibung beliebiger Sachverhalte verwendet werden kann. Mit dem Einsatz der natürlichen Sprache zur Dokumentation von Anforderungen gehen allerdings auch einige Probleme einher.

5.1 Sprachliche Effekte

Subjektive Wahrnehmung

Da natürliche Sprache inhärent mehrdeutig ist und Aussagen in natürlicher Sprache unterschiedlich interpretiert werden können, ist es notwendig, auf die mögliche Mehrdeutigkeit von Aussagen besonderes Augenmerk zu legen, um dem Kriterium der Eindeutigkeit gerecht zu werden. Anforderungen werden von Menschen mit unterschiedlichem Wissen, unterschiedlicher sozialer Prägung und Erfahrung formuliert und gelesen. Die Vielfalt der am Entwicklungsprozess beteiligten Personen birgt die Gefahr von Missverständnissen, da Menschen Gesehenes, Gehörtes oder Gelesenes verschieden interpretieren (sie bilden aus der Realität eine sogenannte »Tiefenstruktur« in ihrem Kopf) und auch unterschiedlich auslegen (z.B. als Anforderung). Bei beiden Vorgängen (Wahrnehmung und Darstellung) treten sogenannte »Transformationseffekte« auf, die zwar in ihrer Ausprägung von Mensch zu Mensch unterschiedlich sind, jedoch bei allen Menschen auftreten können [Bandler und Grinder 1975; Bandler 1994].

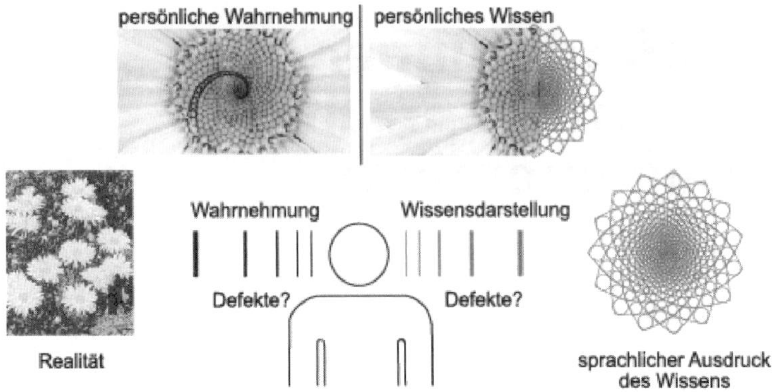

Abb. 5-1 Transformationseffekte bei der Wahrnehmung und Darstellung von Wissen

Transformationsprozesse

Die Tatsache, dass die Transformationseffekte gewissen Regeln gehorchen, kann sich der Requirements Engineer zunutze machen, um aus der Oberflächenstruktur (den Anforderungen) durch gezieltes Nachfragen die Tiefenstruktur (das, was der Autor der Anforderung wirklich gemeint hat) zu ermitteln. Im Folgenden sind die fünf für das Requirements Engineering relevantesten Transformationsprozesse beschrieben:

- Nominalisierung
- Substantive ohne Bezugsindex
- Universalquantoren
- Unvollständig spezifizierte Bedingungen
- Unvollständig spezifizierte Prozesswörter

5.1.1 Nominalisierung

Verkürzung von Prozessen

Durch die Nominalisierung wird ein (oft länger währender) Prozess zu einem (einmaligen) Ereignis gemacht. Sämtliche für die Beschreibung des Prozesses wichtigen Informationen gehen dabei verloren. Aus dem Prozesswort »übermitteln« wird das Substantiv »die Übermittlung«. Weitere typische Beispiele für Nominalisierung sind die Begriffe Eingabe, Buchung und Abnahme.

Beispiel: »Bei einem Systemabsturz soll ein Neustart des Systems erfolgen.« Die Begriffe »Systemabsturz« und »Neustart« beschreiben jeweils einen Prozess, der genauer analysiert werden sollte.

Prozesse vollständig definieren

Per se spricht nichts gegen die Verwendung nominalisierter Begriffe zur Beschreibung eines komplexen Prozesses. Jedoch sollte der Prozess durch dieses Begriffswort eindeutig bezeichnet sein. Die Definition des nominalisierten Begriffs darf dabei keinen Spielraum für Interpretationen des Prozesses erlauben und muss sowohl den Verlauf des Prozesses mit allen potenziell auftretenden Ausnahmen als auch sämtliche Eingabe- und Ausgabeparameter klären. Es ist also nicht notwendig, Nominalisierungen zu vermeiden oder zu verbieten, aber sie sollten nur dann verwendet werden, wenn der dahinter liegende Prozess vollständig definiert ist. Bei der sprachlichen Analyse eines Textes sollten alle Nominalisierungen daraufhin untersucht werden, ob sie an anderer Stelle im Anforderungsdokument ausreichend definiert wurden und ob sie wirklich für alle Stakeholder völlig klar sind. Ist dies nicht der Fall, ist entweder eine neue Anforderung oder ein entsprechender Glossareintrag (siehe Abschnitt 4.7) zu erstellen.

5.1.2 Substantive ohne Bezugsindex

Substantive mit fehlendem Bezug

Substantive bergen ähnlich wie Prozesswörter die Gefahr der unvollständigen Spezifizierung. Linguisten sprechen hier von Substantiven ohne bzw. ohne ausreichende Bezugsindizes. Sprachliche Vertreter für unvollständig spezifizierte Substantive sind Wörter wie »der Anwender«, »der Controller«, »das System«, »die Meldung«, »die Daten«, »die Funktion«.

Beispiel: Die Daten sollen dem Benutzer auf dem Terminal angezeigt werden.

Es stellen sich die Fragen: Welche Daten genau? Welchem Benutzer genau? Auf welchem Terminal genau? Nach Ergänzung um diese Informationen ergibt sich das folgende verbesserte Beispiel:

Verbessertes Beispiel: Das System soll dem registrierten Benutzer seine Rechnungsdaten auf dem Terminal, an dem er angemeldet ist, anzeigen.

5.1.3 Universalquantoren

Mengen und Häufigkeiten präzisieren

Universalquantoren sind Angaben über Häufigkeiten. Sie fassen eine Menge von Objekten zu einer Gruppe zusammen und treffen dann eine Aussage über das Verhalten dieser Menge. Bei der Verwendung von Universalquantoren besteht die Gefahr, dass das spezifizierte Verhalten nicht für alle so bezeichneten Objekte zutrifft. Stakeholder ordnen oft unbewusst Elemente in eine Gruppe ein, die einen Sonder- oder Ausnahmefall darstellen und für die das spezifizierte Verhalten falsch ist.

Universalquantoren erkennen

Universalquantoren in Anforderungen sind daher dahingehend zu hinterfragen, ob das geforderte Verhalten wirklich für alle durch die Quantoren zusammengefassten Objekte gelten soll. Universalquantoren lassen sich leicht durch Signalwörter, wie z.B. »nie«, »immer«, »kein«, »jeder«, »alle«, »irgendeiner« oder »nichts«, erkennen.

Beispiel: Das System soll in jedem Untermenü alle Datensätze anzeigen.

Zu dieser Anforderung sind die folgenden Fragen zu stellen: Wirklich in jedem Untermenü? Wirklich alle Datensätze?

5.1.4 Unvollständig spezifizierte Bedingungen

Bedingungsstrukturen erkennen und klären

Ein weiterer Indikator für einen möglichen Informationsverlust sind unvollständig spezifizierte Bedingungen. Anforderungen, die Bedingungen enthalten, geben das Verhalten bei Eintritt der Bedingung an, müssen aber auch beschreiben, was passieren soll, wenn die Bedingung nicht eintritt (dies fehlt häufig). Bei komplexeren Bedingungsstrukturen kann eine Entscheidungstabelle dabei helfen, nicht beschriebene Varianten von Aktionen oder Bedingungen ausfindig zu machen. Signalwörter für Bedingungen sind z.B. »wenn ... dann«, »falls«, »im Falle von« und »abhängig von«.

Beispiel: Das Restaurantsystem soll einem registrierten Gast bei einem Alter von über 17 Jahren alle im Lokal angebotenen Getränke anzeigen.

Mindestens ein Aspekt bleibt in dieser Anforderung offen: Welche Getränke soll das System einem Gast anzeigen, der 17 Jahre oder jünger ist? Die Klärung dieser Frage wird zu einer Erweiterung der Anforderung in der folgenden Art führen:

Verbessertes Beispiel: Das Restaurantsystem soll einem registrierten Gast:
- bei einem Alter von unter 16 Jahren ausschließlich alkoholfreie Getränke anzeigen;
- bei einem Alter von 16–17 Jahren alkoholfreie und alkoholische Getränke ohne Branntwein anzeigen;
- bei einem Alter von über 17 Jahren alle im Lokal angebotenen Getränke anzeigen.

5.1.5 Unvollständig spezifizierte Prozesswörter

Prozesswörter vervollständigen

Manche Prozesswörter (Verben) erfordern mehr als ein Substantiv, um vollständig spezifiziert zu sein. Das Verb »übertragen« z.B. benötigt zu seiner vollständigen Erklärung zumindest die drei Ergänzungen, *was* übertragen, *von wo* übertragen und *wohin* übertragen wird. Bereits das Sprachgefühl gibt darüber Auskunft, um welche Informationen ein Prozesswort ergänzt werden muss, um vollständig spezifiziert zu sein. Gleiches gilt für Adjektive und Adverbien. Dort tritt der Effekt zwar seltener auf, ist allerdings dann auch schwerer zu erkennen.

Unvollständig spezifizierte Prozesswörter lassen sich weitgehend vermeiden oder zumindest weitgehend eingrenzen, indem Anforderungen im Aktiv formuliert werden.

Passiv-Formulierung vermeiden

Beispiel für Passiv-Formulierung: Zur Anmeldung des Benutzers werden die Login-Daten eingegeben.

Bei dieser im Passiv formulierten Anforderung ist nicht klar, wer die Login-Daten eingeben kann. Wo oder wie er dies tut, ist ebenfalls noch nicht beschrieben. Formuliert man die Anforderung jedoch im Aktiv, muss zumindest ein Akteur oder Verantwortlicher angegeben werden.

Aktiv-Formulierung verwenden

Eine im Aktiv formulierte Anforderung könnte lauten:

Beispiel für Aktiv-Formulierung: Das System soll dem Benutzer ermöglichen, seinen User-Namen und sein Passwort über die Tastatur am Terminal einzugeben.

5.2 Konstruktion von Anforderungen mittels Satzschablone

Ein einfach erlernbarer und leicht einzusetzender Ansatz zur Reduzierung sprachlicher Effekte bereits während der Formulierung von Anforderungen ist die Satzschablone. Der Einsatz der Satzschablone unterstützt den Autor einer Anforderung, syntaktische Eindeutigkeit der Anforderung zu erreichen und Anforderungen hoher Qualität in einem optimalen Zeit- und Kostenrahmen zu verfassen.

Qualität durch Satzschablone und Glossar

Definition 5-1: *Satzschablone*

Eine Satzschablone (Requirements Template) ist ein Bauplan für die syntaktische Struktur einer einzelnen Anforderung.

Um auch lexikalische Eindeutigkeit der Dokumentation zu erreichen, empfiehlt sich in Verbindung mit der Satzschablone der Einsatz eines Projektglossars (siehe Abschnitt 4.7).

Die folgende Schritt-für-Schritt-Anleitung zeigt die richtige Anwendung der Satzschablone.

Schritt 1: Festlegen der rechtlichen Verbindlichkeit

Wie verbindlich ist die Anforderung?

Legen Sie als Erstes die rechtliche Verbindlichkeit der Anforderung fest. Dabei wird in aller Regel zwischen rechtlich bindenden, dringend empfohlenen und zukünftigen Anforderungen unterschieden. Eine Möglichkeit, dies in einer Anforderung auszudrücken, stellen die Modalverben *muss*, *sollte* und *wird* dar. Alternativ dazu kann die rechtliche Verbindlichkeit einer Anforderung auch durch ein spezielles Anforderungsattribut dokumentiert werden.

Schritt 2: Der Kern der Anforderung

Den geforderten Prozess bestimmen

Im Mittelpunkt jeder Anforderung steht die geforderte Funktionalität (z.B. drucken, speichern, übertragen, berechnen), die im Folgenden mit dem Begriff *Prozess* bezeichnet wird. Prozesse sind Vorgänge oder Tätigkeiten und dürfen ausschließlich durch Verben beschrieben werden. Der Prozess, der mittels der Anforderung als Systemverhalten gefordert wird, ist daher in Schritt 2 zu beschreiben.

Da das Prozesswort die Semantik wesentlich bestimmt, muss es eindeutig definiert und allgemein verbindlich verwendet werden (siehe Abschnitt 4.7).

Schritt 3: Charakterisieren der Aktivität des Systems

Für funktionale Anforderungen lässt sich die Systemtätigkeit in drei relevante Arten klassifizieren:

- Selbstständige Systemaktivität: Das System führt den Prozess selbstständig durch.
- Benutzerinteraktion: Das System stellt dem Nutzer die Prozessfunktionalität zur Verfügung.
- Schnittstellenanforderung: Das System führt einen Prozess in Abhängigkeit von einem Dritten (z.B. einem Fremdsystem) aus, ist an sich passiv und wartet auf ein externes Ereignis.

In Schritt 3 ist daher anhand der Art der Systemaktivität, die in der Anforderung vom System gefordert wird, genau eine der drei im Folgenden beschriebenen Satzschablonen auszuwählen.

Die Anforderungsschablone

Nach der Durchführung von Schritt 1 bis 3 ist das Grundgerüst einer Anforderung erstellt (vgl. Abb. 5-2). In spitzen Klammern gesetzte Wörter sind entsprechend zu ersetzen.

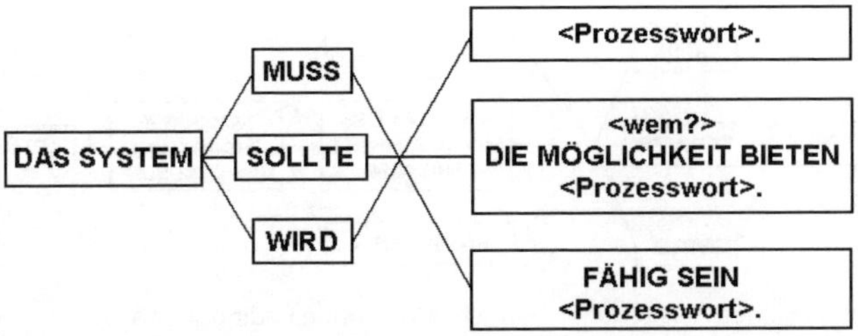

Abb. 5-2 Der Kern einer Anforderung mit der juristischen Verbindlichkeit

Typ 1: Selbstständige Systemaktivität

Mit dem ersten Schablonentyp werden Anforderungen konstruiert, bei denen das System etwas selbstständig ausführt. Der Benutzer tritt dabei nicht in Erscheinung. Es ergibt sich also folgendes Anforderungsgerüst:

DAS SYSTEM MUSS/SOLLTE/WIRD <Prozesswort>

<Prozesswort> bezeichnet das in Schritt 2 ausgewählte Prozesswort, z.B. »drucken« für eine Druckfunktionalität oder »berechnen« für eine Berechnung, die vom System durchgeführt wird.

Typ 2: Benutzerinteraktion

Stellt das System dem Nutzer eine Funktionalität zur Verfügung (etwa über eine Eingabe- oder Auswahlmaske) oder tritt es mit ihm in Interaktion, dann werden die Anforderungen nach Schablonentyp 2 konstruiert:

DAS SYSTEM MUSS/SOLLTE/WIRD <wem?>
DIE MÖGLICHKEIT BIETEN <Prozesswort>

Der Nutzer, der über die Funktionalität verfügen soll, wird mit <wem?> in die Anforderung eingebunden.

Typ 3: Schnittstellenanforderung

Führt das System nur in Abhängigkeit von Nachbarsystemen potenziell eine Aktion aus, so wird der dritte Typ verwendet. Immer wenn Nachrichten oder Daten von diesem Nachbarsystem eintreffen, reagiert unser System und führt das in der Anforderung spezifizierte Verhalten aus. Für diese Art von Anforderung hat sich die folgende Formulierung als geeignet erwiesen.

DAS SYSTEM MUSS/SOLLTE/WIRD FÄHIG SEIN <Prozesswort>

Schritt 4: Objekte einfügen

Prozesswörter vervollständigen

Manche Prozesswörter benötigen zur Ergänzung ein oder mehrere Objekte (siehe Abschnitt 5.1.5). In Schritt 4 werden daher die noch fehlenden Objekte und Ergänzungen der Objekte in der Anforderung identifiziert und ergänzt. So wird die Satzschablone z.B. für das Prozesswort »drucken« um *was* wird gedruckt und *wo* wird gedruckt ergänzt.

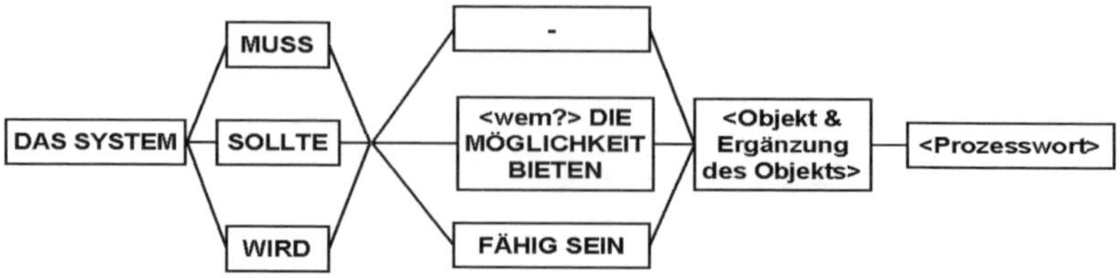

Abb. 5-3 Prinzip einer vollständigen Satzschablone ohne Bedingungen

Schritt 5: Formulierung von logischen und zeitlichen Bedingungen

Bedingungen ergänzen

Für Anforderungen ist es typisch, dass die geforderte Funktionalität nicht fortwährend, sondern nur unter bestimmten zeitlichen oder logischen Bedingungen ausgeführt oder zur Verfügung gestellt wird. Um zeitliche von logischen Bedingungen klar unterscheiden zu können, wählen wir für zeitliche Bedingungen als temporale Konjunktion *sobald*, für logische Bedingungen als konditionale Konjunktion *falls*. Für zeitliche Bedingungen bieten sich weitere temporale Konjunktionen an, wie z.B. nachdem, während oder solange. Die Konjunktion *wenn* birgt das Problem, dass sie sowohl bei zeitlichen als auch logischen Bedingungen eingesetzt werden kann, und sollte vermieden werden. In Schritt 5 werden die Qualitätsanforderungen, unter denen eine Anforderung erfüllt werden soll, mittels eines Nebensatzes an den Anfang der Anforderung gestellt.

Bedingungen ändern die Satzstellung

Anmerkung: Das Voranstellen der Bedingungen hat bei der Anforderung den Umbau der Satzstellung zur Folge. So rückt das Modalverb »muss« vor das Subjekt »das System«. Es wird daher die vollständige Satzschablone mit vorangestellter Bedingung (Abb. 5-4) von der vollständigen Satzschablone ohne vorangestellte Bedingung (Abb. 5-3) unterschieden.

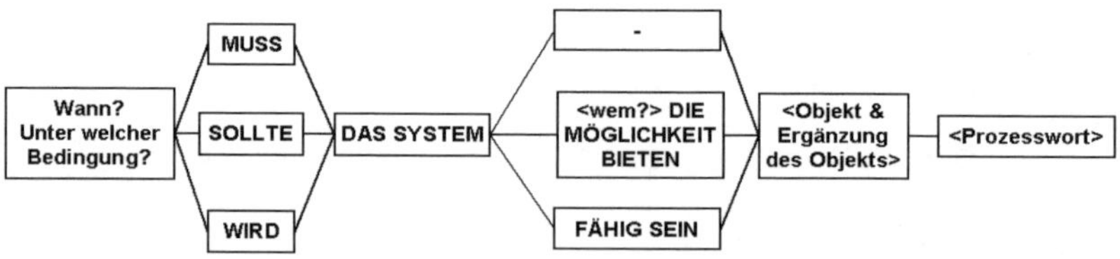

Abb. 5-4 Die vollständige Satzschablone inklusive Bedingungen

Erfahrung aus der Praxis

Die Satzschablone sollte dann eingesetzt werden, wenn sich in den Projekten die Bereitschaft der Mitarbeiter herauskristallisiert, einer stark normierten Vorgehensweise zu folgen. Ihre stilistischen Freiheitsgrade bei der Formulierung von Anforderungen werden dabei stark eingeschränkt. Den besten Erfolg erzielt man, wenn man die Satzschablonen nicht als ein Muss vorschreibt, sondern die Methode schult und die Schablone als Hilfsmittel darstellt.

5.3 Zusammenfassung

Anforderungen an ein System werden häufig in natürlicher Sprache dokumentiert. Die oft genannten Vorteile, die für den Einsatz sprechen, sind die Lesbarkeit, die universelle Anwendbarkeit für verschiedenste Sachverhalte ohne besonderes Vorwissen bzgl. der Notation. Dem gegenüber stehen aber die Nachteile, die aus der fehlenden Formalisierung stammen, z.B. die Mehrdeutigkeit. Da Projektbeteiligte aufgrund unterschiedlichen Wissens, sozialer Prägung und Erfahrung die dokumentierten Anforderungen verschieden interpretieren, kommt es in der Praxis immer wieder zu Missverständnissen. Diese Nachteile können bereits während der Dokumentation der Anforderungen durch die Verwendung einer Satzschablone und das Prüfen auf sprachliche Effekte vermindert werden.

6 Anforderungen modellbasiert dokumentieren

Im Rahmen der modellbasierten Dokumentation von Anforderungen im Requirements Engineering werden drei Ausprägungen von Anforderungen dokumentiert, die im Requirements Engineering ergänzend zueinander eingesetzt werden:

- *Ziele* beschreiben Intentionen von Stakeholdern oder Stakeholdergruppen. Ziele können gegebenenfalls auch in Konflikt zueinander stehen.
- *Use Cases* und *Szenarien* dokumentieren beispielhafte Abläufe der Systemnutzung. Szenarien werden in Use Cases gruppiert.
- *Systemanforderungen* (allgemein als Anforderungen bezeichnet) beschreiben detaillierte Funktionalitäten und Qualitäten, die das zu entwickelnde System umsetzen soll und die möglichst vollständig und präzise als Eingabe für die weiteren Entwicklungsschritte dienen.

In der Praxis werden Anforderungen häufig in natürlicher Sprache formuliert. Es ist allerdings zu beobachten, dass Anforderungen zusätzlich vermehrt in Form von Modellen dokumentiert werden. Anforderungsmodelle werden ergänzend zu natürlichsprachigen Anforderungen verwendet oder ersetzen teilweise vormals natürlichsprachig dokumentierte Anforderungen.

6.1 Der Modellbegriff

Modelle als abstrahierendes Abbild der Realität

Ein Modell ist ein abstrahiertes Abbild einer existierenden Realität oder Vorbild für eine zu schaffende Realität. Gegenstand der Abbildung können sowohl materielle wie auch immaterielle Objekte einer existierenden oder zu schaffenden Realität sein. In Anlehnung an das Verständnis des Modellbegriffs in [Stachowiak 1973] kann der Begriff »Modell« wie folgt definiert werden:

Definition 6-1: *Modell*

Ein Modell ist ein abstrahierendes Abbild einer existierenden Realität oder Vorbild für eine zu schaffende Realität.

6.1.1 Eigenschaften von Modellen

Jedes Modell besitzt drei wesentliche Eigenschaften, in denen letztlich auch die verschiedenen Vorteile von Modellen begründet sind:

- *Abbild der Realität:* Jedes Modell bildet Aspekte der betrachteten Realität auf die Modellelemente ab. Die Tätigkeit der Modellkonstruktion (Modellbildung) kann dabei sowohl deskriptiv als auch präskriptiv sein. Im Falle einer deskriptiven Modellbildung dokumentiert das resultierende Modell Aussagen über eine existierende Realität. Im Falle einer präskriptiven Modellbildung dient das Modell als Vorbild für etwas, was noch nicht existent ist. Abhängig vom Blickwinkel kann dabei ein Modell sowohl deskriptiv als auch präskriptiv sein, z.B. deskriptiv bzgl. der Vorstellungen der Stakeholder, die es beschreibt, sowie präskriptiv bzgl. des noch zu entwickelnden Systems.
- *Verkürzung der Realität:* Modelle verkürzen die abgebildete Realität. Hinsichtlich der Verkürzung wird zwischen Selektion und Verdichtung unterschieden. Bei der Selektion werden nur bestimmte Aspekte im Gegenstandsbereich ausgewählt und im Modell abgebildet. Im Gegensatz dazu werden bei der Verdichtung Aspekte des Gegenstandsbereichs zusammengefasst.
- *Pragmatische Eigenschaft:* Ein Modell wird immer in einem spezifischen Verwendungskontext und für einen spezifischen Verwendungszweck konstruiert. Der Verwendungszweck des Modells bestimmt bei der Konstruktion die zweckmäßige Verkürzung der Realität in den Modellen. Im Idealfall enthält das Modell genau diejenigen Informationen, die für den jeweiligen Verwendungszweck notwendig sind.

Im Requirements Engineering kommen in der Regel grafische konzeptuelle Modelle zum Einsatz, deren Modellelemente jeweils Konzeptualisierungen von materiellen oder immateriellen Objekten oder Personen der zugrunde liegenden Realität darstellen.

6.1.2 Konzeptuelle Modellierungssprachen

Syntax und Semantik

Zur Konstruktion konzeptueller Modelle werden konzeptuelle Modellierungssprachen verwendet. Eine konzeptuelle Modellierungssprache wird durch ihre Syntax und Semantik definiert.

- *Syntax:* Die Syntax einer Modellierungssprache legt die zu verwendenden Modellelemente fest und definiert die gültigen Kombinationen dieser Sprachkonstrukte.
- *Semantik:* Die Semantik definiert die Bedeutung der einzelnen Modellelemente und bildet damit die Basis für die Interpretation von konzeptuellen Modellen der jeweiligen Modellierungssprache.

Unterschiedliche Formalisierungsgrade

Konzeptuelle Modellierungssprachen können hinsichtlich ihres Formalisierungsgrades in informale, semiformale und formale Modellierungssprachen eingeteilt werden. Der Formalisierungsgrad einer konzeptuellen Modellierungssprache ist dabei abhängig vom Umfang, in dem Syntax und Semantik der Sprache formal (z.B. über ein mathematisches Kalkül) definiert sind.

6.1.3 Anforderungsmodelle

Konzeptuelle Modelle, die Anforderungen eines Systems dokumentieren, werden als Anforderungsmodelle bezeichnet. Zur Konstruktion von Anforderungsmodellen wird häufig die Unified Modeling Language (UML) eingesetzt [OMG 2007], die sich in den letzten Jahren zu einem De-facto-Standard für die modellbasierte Konstruktion von Softwaresystemen entwickelt hat. Die UML besteht aus einer Menge von teilweise komplementären Modellierungssprachen, die speziell im Rahmen des Requirements Engineering eingesetzt werden, um die Anforderungen eines Systems aus unterschiedlichen Perspektiven zu modellieren. Ausführliche Beispiele zur Modellierung mit der UML finden sich z.B. in [Rupp et al. 2007].

Anforderungsmodelle vs. Entwurfsmodelle

Ein wesentlicher Unterschied zwischen dem herkömmlichen Einsatz konzeptueller Modelle in der Systementwicklung und der Verwendung konzeptueller Modelle zur Dokumentation von Anforderungen liegt darin, dass konzeptuelle Modelle in der Systementwicklung Lösungsaspekte dokumentieren und Anforderungsmodelle die Anforderungen des betrachteten Systems, indem sie spezifische Aspekte des zugrunde liegenden Problems modellieren.

6.1.4 Vorteile von Anforderungsmodellen

Bessere Verständlichkeit

In der Kognitionsforschung wurde nachgewiesen, dass bildhaft dargestellte Informationen schneller erfasst und besser memorisiert werden als Informationen, die in natürlicher Sprache dokumentiert sind (z.B. [Glass und Holyoak 1986]; [Kosslyn 1988] und [Mietzel 1998]). Diese Erkenntnisse lassen sich im Speziellen auch auf die Verwendung von Anforderungsmodellen übertragen.

Unterstützen Dokumentationsperspektiven

Ein weiterer Vorteil der Verwendung von Anforderungsmodellen gegenüber natürlichsprachig formulierten Anforderungen liegt darin begründet, dass die den Anforderungsmodellen zugrunde liegenden Modellierungssprachen jeweils einen definierten Fokus haben. Dieser Vorteil kann z.B. an den verschiedenen Arten von Plänen für eine Stadt erläutert werden. Abhängig davon, was mit den entsprechenden Plänen (Modellen) unterstützt werden soll, liegen der Konstruktion dieser Modelle unterschiedliche Abstraktionen zugrunde. So zeigt z.B. ein U-Bahn-Plan U-Bahn-Haltestellen und U-Bahn-Linien. Die Länge der jeweiligen Verbindungen zwischen den Haltestellen entspricht nicht der realen Entfernung, sondern der Fahrzeit. Im Gegensatz zum U-Bahn-Plan einer Stadt dokumentiert ein Stadtplan maßstabsgetreu Straßen, Wege sowie z.B. die Position von Sehenswürdigkeiten. Beide Modelle bilden die gleiche Realität ab, allerdings mit unterschiedlichem Fokus, der auch die zweckmäßigen Abstraktionen definiert.

Zweckabhängige Abstraktion

Anforderungsmodelle besitzen darüber hinaus den Vorteil, dass die verschiedenen Typen von Modellelementen einer Modellierungssprache die Abstraktion der Realität dahingehend unterstützen, dass sie vorgeben, was in welcher Art und Weise abstrahiert werden muss und was nicht.

6.1.5 Kombinierter Einsatz von Anforderungsmodellen und natürlicher Sprache

Die kombinierte Dokumentation von Anforderungen in natürlicher Sprache und durch Anforderungsmodelle ermöglicht es, die Vorteile beider Dokumentationsformen zu nutzen und gleichzeitig die spezifischen Nachteile des Einsatzes einer der beiden Dokumentationsformen abzuschwächen. Beispielsweise können natürlichsprachige Anforderungen durch Anforderungsmodelle zusammengefasst und deren Zusammenhänge explizit dokumentiert werden. Anforderungsmodelle können zudem verwendet werden, um natürlichsprachige Anforderungen zu detaillieren und zu präzisieren. Umgekehrt kann natürliche Sprache dazu verwendet werden, Anforderungsmodelle bzw. spezifische Modellelemente in solchen Modellen mit zusätzlichen Informationen anzureichern.

6.2 Zielmodelle

Viele methodische Ansätze zum Requirements Engineering beruhen auf der expliziten Betrachtung der Intentionen der Stakeholder in Form von Zielen (z.B. [van Lamsweerde et al. 1991] und [Yu 1997]). Der Aufwand zur expliziten Berücksichtigung von Zielen im Requirements Engineering ist tendenziell gering. Der positive Effekt auf das Requirements Engineering und speziell auf die Anforderungen ist dagegen erfahrungsgemäß groß. Unter einem Ziel versteht man die intentionale Beschreibung eines von Stakeholdern (z.B. Personen oder Organisationen) gewünschten charakteristischen Merkmals des zu entwickelnden Systems bzw. des zugehörigen Entwicklungsprojekts.

Natürlichsprachige und modellbasierte Dokumentation

Ziele eignen sich besonders dazu, die Vision des Systems zu verfeinern. Die Verfeinerung eines Ziels wird als Zieldekomposition bezeichnet. Ziele können textuell, d.h. in natürlicher Sprache, dokumentiert werden. Dies wird typischerweise durch vorgegebene Schablonen zur Zieldokumentation unterstützt. Darüber hinaus können Ziele und die Beziehungen zwischen Zielen auch in Form von Zielmodellen dokumentiert werden. Eine verbreitete und einfach anzuwendende Technik zur Zielmodellierung sind Und-Oder-Bäume. Durch Und-Oder-Bäume können hierarchische Dekompositionsbeziehungen zwischen Zielen dokumentiert werden. Der Typ der Verfeinerungsbeziehung wird dabei über die grafische Notation der Kanten verdeutlicht. Die Dekompositionsrichtung von Zielen wird in Und-Oder-Bäumen nicht an der Kante angezeigt, sondern verläuft im Baum von oben nach unten.

6.2.1 Zieldokumentation mit Und-Oder-Bäumen

Und-Oder-Bäume unterscheiden zwei Ausprägungen von Dekompositionsbeziehungen von Zielen. Abb. 6-1 zeigt schematisch die beiden Ausprägungen sowie deren Notationselemente.

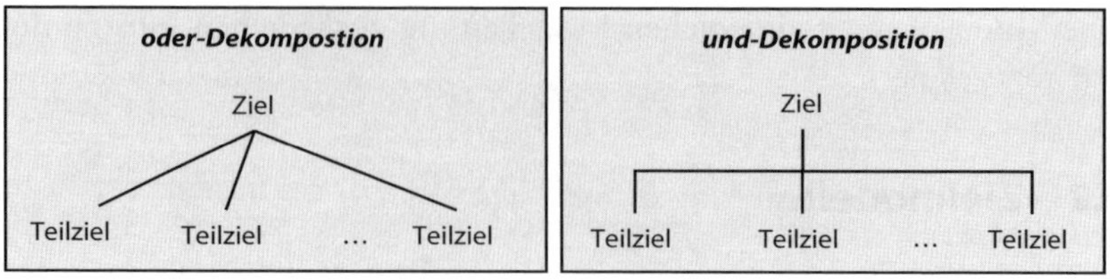

Abb. 6-1 Modellierung der Zieldekomposition in Und-Oder-Bäumen

Und-Dekomposition vs. Oder-Dekomposition

Hinsichtlich der Dekompositionsbeziehungen zwischen Zielen in Und-Oder-Bäumen wird zwischen der Und-Dekomposition eines Zieles in Teilziele und der Oder-Dekomposition unterschieden. Bei der Und-Dekomposition muss jedes der Teilziele erfüllt werden, um das übergeordnete Ziel zu erfüllen. Im Gegensatz dazu muss bei der Oder-Dekomposition nur mindestens eines der Teilziele erfüllt werden, um das übergeordnete Ziel zu erfüllen.

6.2.2 Beispiel für Und-Oder-Bäume

Abb. 6-2 zeigt einen Und-Oder-Baum, der die hierarchische Dekomposition des Ziels »Komfortable Navigation zum Zielort« dokumentiert.

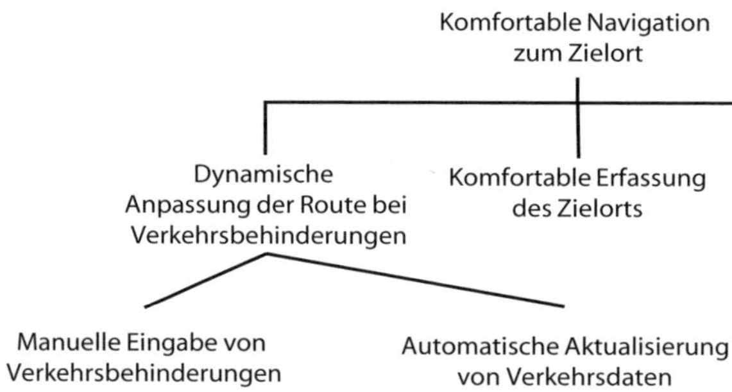

Abb. 6-2 Zielmodell in Form eines Und-Oder-Baumes

Zielmodellierung durch Und-Oder-Bäume

Das Zielmodell in Abb. 6-2 dokumentiert, dass das Ziel »Komfortable Navigation zum Zielort« mittels Und-Dekomposition in die drei Teilziele »Dynamische Anpassung der Route bei Verkehrsbehinderungen«, »Komfortable Erfassung des Zielorts« und »Komfortable Routenführung« verfeinert wird. Da es sich bei der Verfeinerung um eine Und-Dekomposition handelt, definiert das Zielmodell, dass jedes der drei zuvor genannten Teilziele erfüllt sein muss, um das übergeordnete Ziel zu erfüllen. Das Teilziel »Dynamische Anpassung der Route bei Verkehrsbehinderungen« wird wiederum in die beiden Teilziele »Manuelle Eingabe von Verkehrsbehinderungen« und »Automatische Aktualisierung von Verkehrsdaten« verfeinert. Wobei der Typ der verwendeten

Dekompositionsbeziehung ausdrückt, dass nur eines der beiden Teilziele erfüllt sein muss, um das übergeordnete Ziel zu erfüllen.

6.3 Use Cases

Use Cases (Anwendungsfälle) wurden erstmals von [Jacobson et al. 1992] vorgestellt, um die Funktionalität eines geplanten oder existierenden Systems auf der Basis einfacher Modelle untersuchen und dokumentieren zu können. Der Use-Case-Ansatz basiert dabei auf zwei Konzepten, die kombiniert eingesetzt werden:

- Use-Case-Diagramme
- Use-Case-Spezifikationen

6.3.1 UML-Use-Case-Diagramme

Beziehungen zwischen Use Cases

Use-Case-Diagramme der UML [OMG 2007] (vgl. Abschnitt 4.2.3) sind leicht verständliche Modelle, die dazu dienen, aus einer Nutzungssicht die Funktionalitäten des betrachteten Systems, deren Beziehungen untereinander und die Beziehungen des Systems zu dessen Umgebung überblicksartig zu dokumentieren.

Modellelemente von UML-Use-Case-Diagrammen

Modellelemente von Use-Case-Diagrammen

Abb. 6-3 zeigt die wichtigsten Modellelemente von Use-Case-Diagrammen, wie sie in der Unified Modeling Language (UML) definiert sind [OMG 2007].

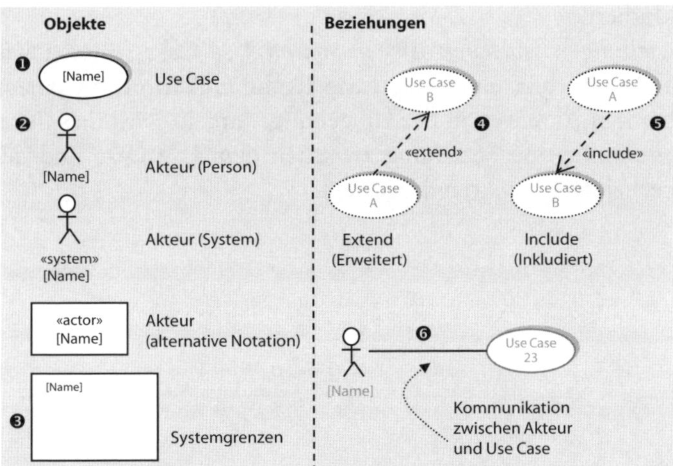

Abb. 6-3 Wesentliche Modellelemente von Use-Case-Diagrammen

❶ *Use Cases:* Die für das System definierten Use Cases werden durch Ovale dargestellt, die den Namen des Use Case enthalten. Alternativ dazu kann der Name auch unterhalb des Use Case angegeben werden.

❷ *Akteure:* Akteure liegen außerhalb der Systemgrenzen und stehen jeweils stellvertretend für Personen oder Systeme, die mit dem betrachteten System interagieren. Akteure werden durch ein Rechteck repräsentiert, das den Namen des Akteurs enthält und mit dem Stereotyp «actor» versehen ist. Ist der Akteur eine Person, so kann dies durch ein Strichmännchen angezeigt werden. Handelt es sich bei dem Akteur um ein System, so wird dieses entweder durch ein Rechteck oder durch ein Strichmännchen mit dem zusätzlichen Stereotyp «system» repräsentiert.

❸ *Systemgrenzen:* Die Systemgrenzen innerhalb eines Use-Case-Diagramms separieren die Teile des Use Case, die zum System gehören, von den Teilen (Personen und Systemen), die außerhalb der Systemgrenze liegen. Optional kann der Name des Systems an den Systemgrenzen angegeben werden.

❹ *Extend-Beziehung:* Eine Extend-Beziehung («extend») von einem »Use Case A« zu einem »Use Case B« besagt, dass die in »Use Case A« enthaltene Interaktionsfolge die in »Use Case B« definierte Interaktionsfolge an einem definierten Punkt (Extension Point) erweitert. Diese Erweiterung ist abhängig vom Eintreten einer definierten Bedingung.

❺ *Include-Beziehung*: Eine Include-Beziehung («include») von einem »Use Case A« zu einem »Use Case B« drückt aus, dass »Use Case A« in jedem Fall die in »Use Case B« definierte Interaktionsfolge inkludiert.

❻ *Beziehungen zwischen Akteuren und Use Cases:* Findet während der Ausführung eines Use Case Kommunikation mit einem oder mehreren Akteuren in der Umgebung statt, so wird dies durch eine Kommunikationsbeziehung zwischen dem Use Case und den entsprechenden Akteuren dargestellt.

Beispiele für UML-Use-Case-Diagramme

Abb. 6-4 zeigt beispielhaft ein Use-Case-Diagramm.

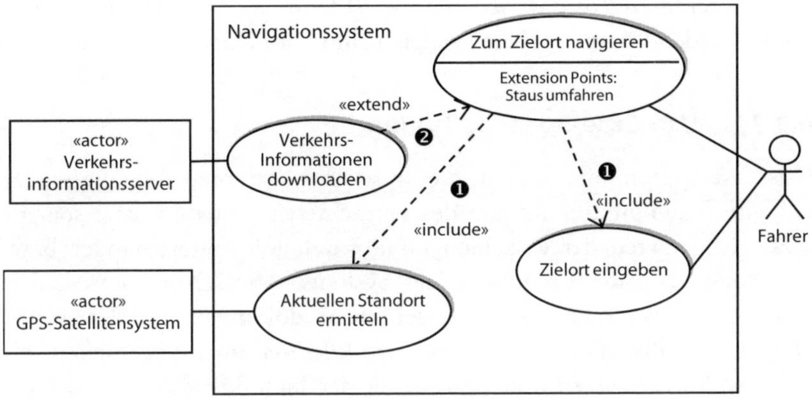

Abb. 6-4 Modellelemente von Use-Case-Diagrammen am Beispiel

Das Modell umfasst die Use Cases »Verkehrsinformationen downloaden«, »Aktuellen Standort ermitteln«, »Zielort eingeben«. Die in Abb. 6-4 durch Nummern gekennzeichneten Beziehungen zwischen den Use Cases werden im Folgenden genauer erläutert:

Include

❶ Der Use Case »Zum Zielort navigieren« besitzt eine Include-Beziehung zu den beiden Use Cases »Zielort eingeben« und »Aktuellen Standort ermitteln«. Diese Beziehungen besagen, dass die in den Use Cases »Zielort eingeben« und »Aktuellen Standort ermitteln« definierten Interaktionsschritte im Use Case »Zum Zielort navigieren« enthalten sind.

Extend

❷ Die Extend-Beziehung zwischen dem Use Case »Verkehrsinformationen downloaden« und dem Use Case »Zum Zielort navigieren« definiert, dass die im erstgenannten Use Case dokumentierten Interaktionsschritte (wenn ein definiertes Ereignis eintritt oder eine definierte Bedingung gilt, wie z.B. »Stauumfahrung aktiviert«) Teil der Ausführung des Use Case »Zum Zielort navigieren« sind. Der ausgezeichnete Extension Point »Staus umfahren« benennt die Stelle im Use Case »Zum Zielort navigieren«, an der ggf. die zusätzlichen Interaktionsschritte zum Use Case »Verkehrsinformationen downloaden« ausgeführt werden.

Generalisierung

Die UML sieht zudem eine Generalisierungsbeziehung zwischen Use Cases bzw. zwischen Akteuren vor. In diesem Fall erben die spezialisierten Use Cases bzw. Akteure Eigenschaften des generalisierenden Use Case bzw. Akteurs (z.B. [Rumbaugh et al. 2005]). Beispielsweise könnten die Akteure »Werkstattmitarbeiter« und »Kundendienstmitarbeiter« zu einem Akteur »Mitarbeiter« generalisiert werden. Dem generalisierenden Akteur »Mitarbeiter« würden dann alle Beschreibungsaspekte zugeordnet, die für die Akteure »Werkstattmitarbeiter« und »Kundendienstmitarbeiter« gleich sind (z.B. Personalnummer).

6.3.2 Use-Case-Spezifikationen

Use-Case-Diagramme zeigen die aus einer externen Nutzungssicht wesentlichen Funktionalitäten des betrachteten Systems sowie spezifische Beziehungen der einzelnen Funktionalitäten untereinander bzw. zu Aspekten in der Umgebung des Systems. Abgesehen vom Namen eines Use Case und dessen Beziehungen dokumentieren Use-Case-Diagramme allerdings keinerlei weitere Informationen über die einzelnen Use Cases, wie z.B. die Systematik der Interaktion eines Use Case mit Akteuren in der Umgebung. Diese Informationen werden unter Verwendung einer geeigneten Schablone zusätzlich zum Use-Case-Diagramm textuell dokumentiert.

Referenzschablonen zur Dokumentation von Use Cases

In der einschlägigen Literatur werden unterschiedliche Schablonen (Templates) zur textuellen Spezifikation von Use Cases vorgeschlagen (z.B. [Cockburn 2001]). Diese Schablonen definieren Typen von Informationen, die für einen Use Case dokumentiert werden sollten, und geben eine zweckmäßige Strukturierung dieser Informationen vor. Die Referenzschablonen dokumentieren somit Erfahrungswissen zur strukturierten textuellen Dokumentation von Use Cases. Zur textuellen Spezifikation eines Use Case eignet sich die in Tab. 6-1 gezeigte Schablone.

Schablone zur Spezifikation eines Use Case		
Nr.	**Abschnitt**	**Inhalt / Erläuterung**
1	Bezeichner	Eindeutiger Bezeichner des Use Case
2	Name	Eindeutiger Name für den Use Case
3	Autoren	Namen der Autoren, die an dieser Use-Case-Beschreibung mitgearbeitet haben
4	Priorität	Wichtigkeit des Use Case gemäß der verwendeten Priorisierungstechnik
5	Kritikalität	Kritikalität des Use Case, z.B. hinsichtlich des Schadensausmaßes bei Fehlverhalten des Use Case
6	Quelle	Bezeichnung der Quelle ([Stakeholder | Dokument | System]), von der der Use Case stammt
7	Verantwortlicher	Der für diesen Use Case verantwortliche Stakeholder
8	Beschreibung	Komprimierte Beschreibung des Use Case
9	Auslösendes Ereignis	Angabe des Ereignisses, das den Use Case auslöst

Schablone zur Spezifikation eines Use Case		
Nr.	**Abschnitt**	**Inhalt / Erläuterung**
10	Akteure	Auflistung der Akteure, die mit dem Use Case in Beziehung stehen
11	Vorbedingung	Eine Liste notwendiger Voraussetzungen, die erfüllt sein müssen, bevor die Ausführung des Use Case beginnen kann
12	Nachbedingung	Eine Liste von Zuständen, in denen sich das System unmittelbar nach der Ausführung des Hauptszenarios befindet.
13	Ergebnis	Beschreibung der Ausgaben, die während der Ausführung des Use Case erzeugt werden
14	Hauptszenario	Beschreibung des Hauptszenarios eines Use Case
15	Alternativszenarien	Beschreibung von Alternativszenarien des Use Case oder lediglich Angabe der auslösenden Ereignisse. Hier gelten oftmals andere Nachbedingungen als in (12) enthalten.
16	Ausnahmeszenarien	Beschreibung von Ausnahmeszenarien des Use Case oder lediglich Angabe der auslösenden Ereignisse. Hier gelten oftmals andere Nachbedingungen als in (12) enthalten.
17	Qualitäten	Querbezüge zu Qualitätsanforderungen

Tab. 6-1 Schablone zur textuellen Dokumentation von Use Cases

Zeilen der Use-Case-Schablone

Die Schablone zur Spezifikation eines Use Case beinhaltet die folgenden Attribute:

- Attribute zur eindeutigen Identifikation eines Use Case (Zeilen 1 /2)
- Managementattribute (Zeile 3 bis 7)
- Attribut für die Beschreibung des Use Case (Zeile 8)
- Spezifische Use-Case-Attribute, z.B. das auslösende Ereignis (Zeile 9), Akteure (Zeile 10), Vor- und Nachbedingungen (Zeilen 11 und 12), das Ergebnis des Use Case (Zeile 13), das Hauptszenario (Zeile 14), Alternativ- und Ausnahmeszenarien (Zeilen 15 und 16) sowie den Bezug zu Qualitätsanforderungen (Zeile 17)

Tab. 6-2 zeigt die Spezifikation des Use Case »Zum Zielort navigieren« unter Verwendung der in Tab. 6-1 vorgestellten Referenzschablone.

Abschnitt	Inhalt
Bezeichner	UC-12-37
Name	Zum Zielort navigieren
Autoren	Bernd Schmitz, Klaus Müller
Priorität	Wichtigkeit für Systemerfolg »hoch« Technologisches Risiko »hoch«
Kritikalität	Hoch
Quelle	C. Schulz (Domänenexperte für Navigationssysteme)
Verantwortlicher	B. Schmitz
Kurzbeschreibung	Der Fahrer des Fahrzeugs gibt den Zielort ein. Das Navigationssystem leitet den Fahrer zum gewünschten Zielort.
Auslösendes Ereignis	Fahrer möchte zu einem Ziel navigieren.
Akteure	Fahrer, Informationsserver, GPS-Empfänger
Vorbedingung	Das Navigationssystem ist eingeschaltet.
Nachbedingung	Der Fahrer hat sein Ziel erreicht.
Ergebnis	Wegführung zum Zielort
Hauptszenario	1. Das Navigationssystem erfragt den gewünschten Zielort. 2. Der Fahrer gibt den gewünschten Zielort ein. 3. Das Navigationssystem ermittelt den Zielort in seinen Karten. 4. Mithilfe des aktuellen Standorts und des gewünschten Zielorts berechnet das Navigationssystem eine Route. 5. Das Navigationssystem stellt die Liste der Wegpunkte zusammen. 6. Das Navigationssystem zeigt die Karte des aktuellen Standorts und die Navigation zum nächsten Wegpunkt an. 7. Wurde der letzte Wegpunkt erreicht, zeigt das Navigationssystem am Bildschirm an »Ziel erreicht«.
Alternativszenarien	4a. Die Routenberechnung soll Verkehrsinformationen beachten und Staus umfahren. 4a1. Das Navigationssystem erfragt beim Informationsserver die aktuellen Verkehrsinformationen. 4a2. Das Navigationssystem ermittelt eine Route, die keine vom Stau betroffenen Wegstrecken enthält.
Ausnahmeszenarien	Auslösendes Ereignis: Das Navigationssystem empfängt kein GPS-Signal vom GPS-Empfänger.
Qualitäten	→ QA.04 (Reaktionszeit auf Benutzereingaben) → QA.15 (Bedienungskomfort) *(QA = Qualitätsanforderungen)*

Tab. 6-2 Beispiel für eine schablonenbasierte Dokumentation eines Use Case

6.4 Drei Perspektiven auf die Anforderungen

Getrennte Dokumentation der Perspektiven

In der modellbasierten Dokumentation von Anforderungen werden typischerweise die drei Perspektiven Struktur, Funktion und Verhalten unterschieden (vgl. Abschnitt 4.2.1). Jede Perspektive wird getrennt voneinander unter Verwendung geeigneter konzeptueller Modellierungssprachen dokumentiert [Davis 1993; Pohl et al. 2005]:

- *Strukturperspektive*: In dieser Perspektive werden z.B. die Struktur von Ein- und Ausgabedaten sowie die statisch-strukturellen Aspekte von Nutzungs- und Abhängigkeitsbeziehungen des Systems im Systemkontext dokumentiert.
- *Funktionsperspektive:* In dieser Perspektive wird dokumentiert, welche Informationen aus dem Systemkontext durch das zu entwickelnde System bzw. dessen Funktionen manipuliert werden und welche Daten vom System in den Systemkontext fließen.
- *Verhaltensperspektive:* In dieser Perspektive wird das System und dessen Einbettung in den Systemkontext zustandsorientiert dokumentiert, indem z.B. die Reaktion des Systems auf Ereignisse im Systemkontext, Bedingungen eines Zustandswechsels sowie Effekte dokumentiert werden, die das System in der Umgebung erbringen soll.

Beispiele für die drei Perspektiven

Abb. 6-5 illustriert die drei Perspektiven funktionaler Anforderungen und gibt exemplarisch für jede der drei Perspektiven eine Modellierungssprache an, die in der jeweiligen Perspektive zur Dokumentation von Anforderungen verwendet werden kann. So können Anforderungsaspekte, die die statische Struktur betreffen, etwa durch UML-Klassendiagramme dokumentiert werden. Anforderungen in der Funktionsperspektive können z.B. durch UML-Aktivitätsdiagramme und Anforderungen der Verhaltensperspektive durch Statecharts dokumentiert werden (vgl. Abschnitt 6.6 und 6.7).

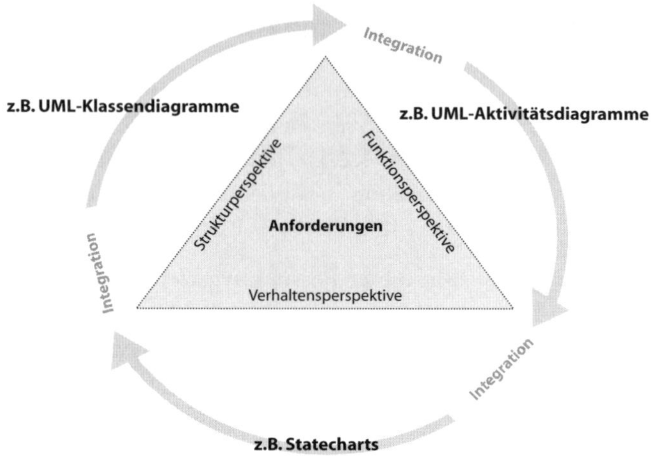

Abb. 6-5 Drei Perspektiven auf Anforderungen

Perspektiven sind nicht disjunkt

Die in den Modellen der verschiedenen Perspektiven abgebildeten Aspekte finden sich zum Teil auch in anderen Perspektiven wieder, sodass die drei Perspektiven nicht disjunkt sind. Beispielsweise sind die Daten, deren statische Struktur z.B. durch UML-Klassendiagramme definiert ist, ggf. auch in der Funktionsperspektive vorzufinden, da sie z.B. im Objektfluss die Ein- und Ausgaben für Aktionen in den UML-Aktivitätsdiagrammen darstellen. Dadurch dass die drei Perspektiven nicht disjunkt sind, können die Modelle über die in den Schnittbereichen abgebildeten Informationen wechselseitig auf Konsistenz und Vollständigkeit überprüft werden.

6.5 Anforderungsmodellierung in der Strukturperspektive

Zur Modellierung der strukturellen Aspekte von Anforderungen in der Strukturperspektive eignen sich verschiedene Modellierungssprachen. Als Anforderungsmodelle in der Strukturperspektive sind dabei häufig Entity-Relationship-Modelle bzw. Erweiterungen des traditionellen Entity-Relationship-Modells nach Chen [Chen 1976] und vermehrt Klassendiagramme der UML (z.B. [Rumbaugh et al. 2005]) vorzufinden.

6.5.1 Entity-Relationship-Diagramme

Das klassische Entity-Relationship-Modell

Traditionell wird die Strukturperspektive durch Entity-Relationship-Diagramme modelliert, die die Struktur eines Betrachtungsgegenstandes in Form von Entitätstypen und Beziehungstypen modellieren [Chen 1976].

Erweiterungen des Entity-Relationship-Modells

Für das Entity-Relationship-Modell wurden zahlreiche Erweiterungen vorgeschlagen, die das Entity-Relationship-Modell im Wesentlichen um Generalisierungs-/Spezialisierungsbeziehungen, Vererbungsmechanismen, Rollen von Entitäten sowie um eine (min, max)-Notation für die Kardinalitäten von Beziehungen erweitern.

Modellelemente von Entity-Relationship-Diagrammen

Die Modellierungssprache zur Konstruktion von Entity-Relationship-Diagrammen nach [Chen 1976] verfügt über die vier in Abb. 6-6 gezeigten Modellelemente.

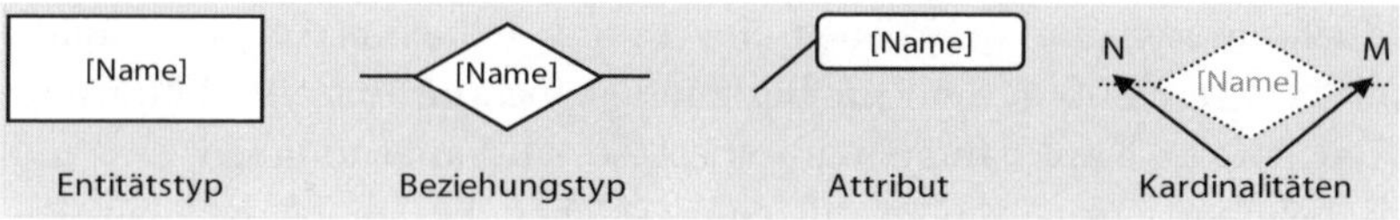

Abb. 6-6 Modellelemente von Entity-Relationship-Diagrammen nach Chen

Klassifikation: Abstraktion von konkreten Objekten

Ein *Entitätstyp* definiert eine Menge von Entitäten innerhalb des betrachteten Gegenstandsbereichs (d.h. Objekte mit gleichen Eigenschaften, wie z.B. Personen oder Gegenstände). Ein Entitätstyp (oft fälschlicherweise als Entität oder Entity bezeichnet) abstrahiert von der konkreten Ausprägung dieser Entitäten und klassifiziert dadurch eine Menge im Sinne der Klassifikation »gleichartiger« Entitäten. Zum Beispiel klassifiziert der Entitätstyp »Pilot« alle Personen des betrachteten Gegenstandsbereichs, die das gemeinsame Merkmal haben, eine gültige Fluglizenz zu besitzen.

Abstraktion von konkreten Beziehungen

Ein *Beziehungstyp* abstrahiert von einer konkreten Ausprägung einer Beziehung sowie den an der Beziehung beteiligten Entitäten. Ein Beziehungstyp klassifiziert eine Menge gleichartiger Beziehungen zwischen Entitätstypen des Gegenstandsbereichs. Zum Beispiel könnte ein Beziehungstyp »führt durch« zwischen den Entitätstypen »Pilot« und »Flug« definiert werden, um entsprechende »führt_durch«-Beziehungen zwischen konkreten Piloten und konkreten Flügen zu repräsentieren. Wird zwischen einem konkreten Passagier »John Locke«[5] und einem konkreten Flug mit der Flugnummer »OA 815«[6] eine konkrete »ist_Passagier«-Beziehung definiert, so wird durch diese Beziehung ausgedrückt, dass »John Locke« ein Passagier des Flugs mit der Nummer »OA 815« ist.

Eigenschaften von Entitätstypen und Beziehungstypen

Attribute können sowohl für Entitätstypen als auch für Beziehungstypen definiert werden. Ein Attribut definiert dabei eine Eigenschaft eines Entitätstyps bzw. eine Eigenschaft eines Beziehungstyps. Mögliche Attribute eines Entitätstyps »Passagier« könnten beispielsweise »Nachname«, »Vorname«, »Ausweisnummer« und »Sitzplatz« sein.

Schemaebene vs. Instanzebene

Ein Entity-Relationship-Modell dokumentiert die Struktur des betrachteten Gegenstandsbereichs in Form von Entitätstypen (Klassen gleichartiger Entitäten) und Beziehungstypen (Klassen gleichartiger Beziehungen). Ein Entity-Relationship-Modell ist auf der Modellebene angesiedelt und definiert die Menge aller gültigen Ausprägungen des Modells auf der Instanzebene.

Anzahl der Beziehungsinstanzen

Die *Kardinalität* einer (binären) Beziehung definiert die Anzahl von Beziehungsinstanzen, an denen eine Entität teilnehmen kann [Elmasri und Navathe 2006]. Sind für Beziehungstypen im Entity-Relationship-Modell keine Kardinalitäten annotiert, so wird angenommen, dass null bis beliebig viele Entitäten an einer solchen Beziehung beteiligt sein können. Die Angabe von Kardinalitäten für Beziehungen schränkt somit die Menge der prinzipiell möglichen Instanzen eines Entity-Relationship-Diagramms grundsätzlich ein.

Beispiel für ein Entity-Relationship-Diagramm

Das in Abb. 6-7 gezeigte Entity-Relationship-Modell zeigt vier Entitätstypen (d.h. Klassen von Entitäten) und drei Beziehungstypen (d.h. Klassen von Beziehungen). Die einzelnen Entitätstypen besitzen Attribute, die spezifische Eigenschaften der zugehörigen Entitäten beschreiben. Zum Beispiel besitzt der Entitätstyp »Stauinformation« die Attribute »Autobahn«, »Beginn« und »Länge«, die jeweils die Autobahnnummer, die GPS-Koordinate des Stauanfangs und die Länge des Staus beinhalten. Der Beziehungstyp »fragt ab« zwischen den Entitätstypen »Navigationsgerät«, und »Stauinformation« drückt aus, dass auf der

---

[5] Präziser ausgedrückt existiert eine Entität, eine Instanz des Entitätstyps »Passagier«, die über eine eigene Identität verfügt und als Attributwert des Attributs »Name« den Wert »John Locke« besitzt.

[6] Präziser ausgedrückt existiert eine Entität, eine Instanz des Entitätstyps »Flug«, die über eine eigene Identität verfügt und als Attributwert des Attributs »Flugnummer« den Wert »OA 815« besitzt.

Instanzebene eine entsprechende Beziehung zwischen einem konkreten Navigationsgerät und einer beliebigen Anzahl von Stauinformationen bestehen kann. Die Kardinalitäten der Entitätstypen in Bezug auf den Beziehungstyp »fragt ab« drücken aus, dass ein konkretes Navigationssystem beliebig viele (»N«) Stauinformationen abfragen kann. In der andere Richtung kann jede Stauinformation von beliebig vielen (»M«) Navigationsgeräten abgefragt werden.

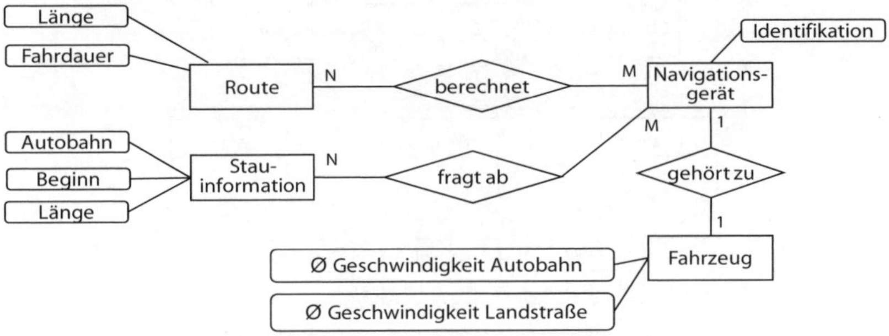

Abb. 6-7 Entity-Relationship-Diagramme (Strukturmodell) nach Chen

6.5.2 UML-Klassendiagramme

Statische Perspektive: Daten/Struktur

Klassendiagramme der UML dienen zur Modellierung der Strukturperspektive der Anforderungen eines geplanten Systems. Ein Klassendiagramm besteht aus einer Menge von Klassen und Assoziationen zwischen diesen Klassen. Klassen und Assoziationen in UML-Klassendiagrammen sind ähnlich den Entitätstypen und Beziehungstypen von Entity-Relationship-Diagrammen. Klassenmodelle besitzen aber im Vergleich zu Entity-Relationship-Diagrammen durch zusätzliche Modellelemente (z.B. solche, die es erlauben, die Operationen auf den Objekten dieser Klasse zu spezifizieren) eine größere Beschreibungsmächtigkeit.[7]

[7] Einen vollständigen Überblick über die verschiedenen Modellelemente der UML findet sich z.B. in [OMG 2007].

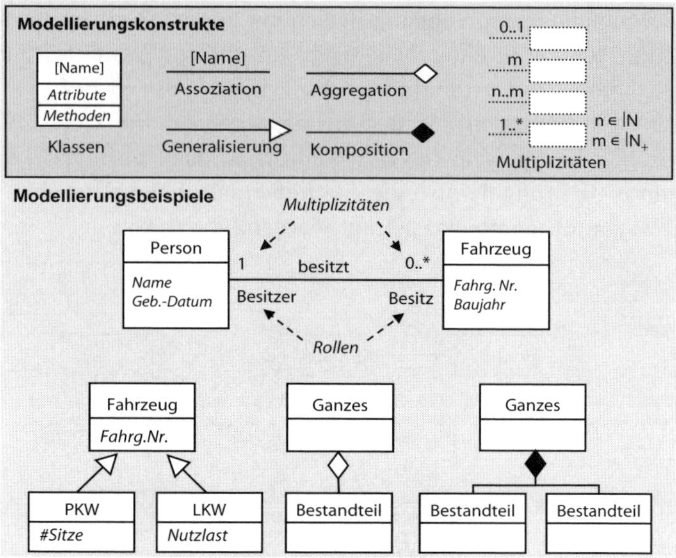

Abb. 6-8 Wichtige Modellelemente von Klassendiagrammen der UML 2

Modellelemente von UML-Klassendiagrammen

Abb. 6-8 zeigt wichtige Modellelemente von Klassendiagrammen in der UML und einige Modellierungsbeispiele.

Klassen

Eine *Klasse* wird durch ein Rechteck dargestellt, das in Abschnitte (auch: *Compartments*) untergliedert ist. Im obersten Abschnitt wird der Name der Klasse angegeben. Im mittleren Abschnitt werden die Attribute notiert, durch die die Objekte dieser Klassen genauer beschrieben werden. Im unteren Abschnitt werden die Operationen aufgelistet, die auf den Instanzen dieser Klasse ausgeführt werden können. Abhängig von der Zielsetzung der Modellierung bzw. abhängig vom Verwendungszweck des Klassenmodells können die Abschnitte für Attribute und/oder Methoden ausgelassen bzw. ausgeblendet werden.

Assoziationen, Multiplizitäten und Rollen

Assoziationen zwischen den Klassen werden durch Kanten dargestellt, die optional einen Assoziationsnamen besitzen. Darüber hinaus können optional an jedem Ende einer Kante Multiplizitäten annotiert werden. *Multiplizitäten* sind Aussagen über die Instanzebene eines Klassendiagramms, die angeben, wie viele Instanzen einer Klasse in Bezug auf die betrachteten Assoziationen mit wie vielen Instanzen der assoziierten Klasse in Beziehung stehen können. Durch die Annotation optionaler *Rollen* an einem oder beiden Endpunkten einer Assoziation kann die Bedeutung der Instanzen einer Klasse in Bezug auf die betrachtete Assoziation genauer dokumentiert werden.

Aggregation und Komposition

Die *Aggregation* und die *Komposition* sind spezifische Ausprägungsformen von Assoziationen. Beide beschreiben die Beziehung zwischen einem Ganzen und seinen Teilen. Die Komposition dokumentiert dabei eine stärkere Form der Bindung als die Aggregation, so kann etwa ein Teil in einer Komposition nicht ohne das Ganze existieren. In Klassenmodellen der UML wird die Aggregation durch eine leere Raute und die Komposition durch eine ausgefüllte Raute dargestellt.

Generalisierung

In Klassendiagrammen können darüber hinaus *Generalisierungsbeziehungen* zwischen Klassen dokumentiert werden. Die Generalisierung zwischen Klassen in der UML ist eine Beziehung zwischen spezielleren Klassen (den Subtypen) und einer generelleren Klasse (dem Supertyp). Der Subtyp einer Generalisierungsbeziehung erbt dabei die Eigenschaften des Supertyps und kann diese ggf. adaptieren und erweitern.

Beispiel für ein UML-Klassendiagramm

Das in Abb. 6-9 Klassendiagramm umfasst sechs Klassen, die jeweils mit Namen und zugehörigen Attributen angegeben sind. Die Assoziationen zwischen Klassen sind durch Kanten dargestellt. Zum Beispiel besteht eine Assoziation zwischen der Klasse »Navigationsgerät« und der Klasse »Route« mit dem Namen »berechnet«. Zusammen mit den angegebenen Multiplizitäten drückt diese Assoziation aus, dass ein Navigationssystem null bis beliebig viele (»*«) Routen berechnen kann. Umgekehrt kann jede Route von beliebig vielen (»*«) Navigationssystemen berechnet werden. Eine Route ist eine Aggregation von einem bis beliebig vielen (»1..*«) Streckenabschnitten, und jeder Streckenabschnitt gehört zu null bis beliebig vielen (»*«) Routen. Ein Streckenabschnitt wird durch die Straßennummer sowie durch den Anfangs- und Endpunkt des Streckenabschnitts angegeben. Abb. 6-9 zeigt darüber hinaus, dass die Klasse »Navigationsgerät m. Stauumfahrung« eine Spezialisierung der Klasse »Navigationsgerät« ist. Der Subtyp »Navigationsgerät m. Stauumfahrung« erbt dabei die Eigenschaften (hier das Attribut »Identifikation«) vom Supertyp »Navigationsgerät« und ergänzt die geerbten Attribute um ein Attribut, das festhält, ab welcher Länge des Staus der Verkehrsstau umfahren werden soll.

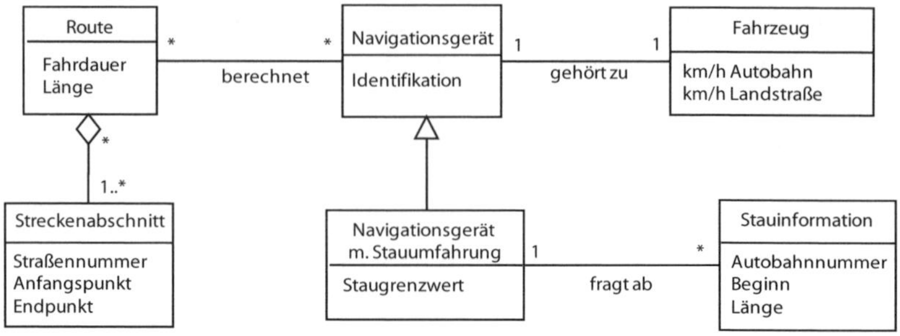

Abb. 6-9 Klassendiagramm in UML 2-Notation

6.6 Anforderungsmodellierung in der Funktionsperspektive

Die Funktionsperspektive von Anforderungen betrachtet die Transformation von Eingabedaten aus der Umgebung des Systems in Ausgabedaten in die Umgebung. Zur Modellierung der Funktionsperspektive von Anforderungen existiert eine Reihe verschiedener modellbasierter Ansätze, deren Ursprung in den strukturierten Systemanalyseansätzen der 1970er- und 1980er-Jahre liegt, wie z.B. die strukturierte Analyse (nach [DeMarco 1978; Weinberg 1978]) oder die essenzielle Systemanalyse [McMenamin und Palmer 1988].

6.6.1 Datenflussdiagramme

Im Mittelpunkt der Ansätze zur Anforderungsmodellierung in der Funktionsperspektive stehen Funktionsmodelle, die die Funktionalität des betrachteten Systems durch Funktionen, Datenspeicher, Daten-/Informationsflüsse sowie Quellen und Senken in der Umgebung des Systems modellieren. Eine verbreitete Ausprägungsform von Funktionsmodellen sind Datenflussmodelle, wie sie z.B. in der strukturierten Analyse nach [DeMarco 1978] vorgeschlagen werden. Datenflussmodelle unterstützen zudem, das System in verschiedenen Abstraktionsebenen zu modellieren.

Modellelemente von Datenflussdiagrammen

Abb. 6-10 zeigt die Modellelemente von Datenflussdiagrammen in der von DeMarco vorgeschlagenen Notation [DeMarco 1978].

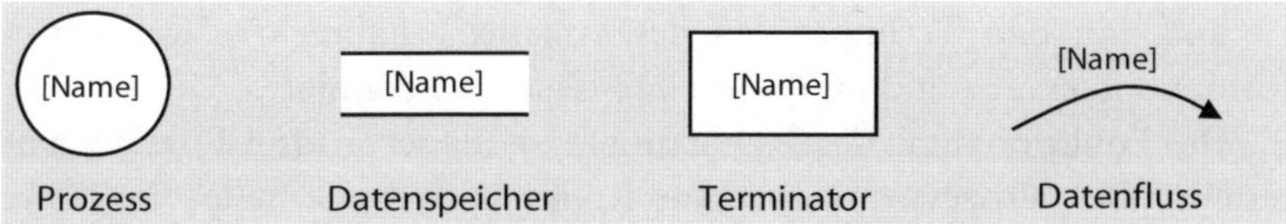

Abb. 6-10 Wichtige Modellelemente von Datenflussdiagrammen nach DeMarco

Manipulation von Daten

Prozesse stellen notwendige Funktionen des betrachteten Systems dar, die die im System fließenden Daten[8] (Informationsflüsse) transformieren. Ein Prozess konsumiert die Eingabedaten, verarbeitet diese Daten und gibt das Ergebnis der Verarbeitung in Form von Ausgabedaten weiter. Die Systematik, in der ein Prozess Daten transformiert, wird in Datenflussdiagrammen nicht betrachtet.

Daten in Ruhe

Datenspeicher sind abstrakte Konzepte, die dazu dienen, Daten im System persistent zu machen. Die Prozesse des Systems können dabei sowohl lesend als auch schreibend auf die Daten im Datenspeicher zugreifen, um die notwendigen Eingabedaten zu erhalten und wenn notwendig die erzeugten Ausgabedaten persistent abzulegen.

Objekte in der Systemumgebung

Terminatoren beschreiben Objekte (Personen, Personengruppen, Abteilungen, Organisationen oder Systeme) in der Umgebung des Systems, die mit dem betrachteten System Informationen austauschen. Terminatoren sind Aspekte der Umgebung des Systems und können daher durch den Entwicklungsprozess nicht verändert werden (vgl. Abschnitt 2.1). Terminatoren werden als Quelle bezeichnet, wenn sie Daten an das System übergeben, und als Senke, wenn sie Daten vom System erhalten.

Daten in Bewegung

Ein *Datenfluss* beschreibt den Transport von Daten zwischen Prozessen, Datenspeichern und Terminatoren [Yourdon 1989]. In Anforderungsmodellen kann ein Datenfluss dabei den Transport sowohl von materiellen wie auch immateriellen Objekten modellieren, z.B. Informationsflüsse oder Materialflüsse. In Datenflussdiagrammen werden typischerweise nur die wesentlichen Datenflüsse modelliert und solche, die für die Anforderungen des Systems nicht relevant sind, vernachlässigt.

Beispiel für ein Datenflussdiagramm

Schnittstellen zum System

Abb. 6-11 zeigt ein vereinfachtes Datenflussdiagramm eines Navigationssystems in der von DeMarco vorgeschlagenen Notation. Die Schnittstellen des Systems zum Kontext werden durch die Datenflüsse

8 Als Datenflüsse in der strukturierten Analyse werden der Fluss von Daten, Informationen, Dokumenten oder Material betrachtet.

zu und von den Terminatoren des Systems (»Fahrer«, »Verkehrsinformationsserver« und »GPS-Satellitensystem«) definiert.

Prozess »berechne Route«

Die Funktionalität des Navigationssystems ist in drei Prozesse unterteilt. Der Prozess 1 »berechne Route« erhält aktuelle Verkehrsinformationen über die Schnittstelle zum Verkehrsinformationsserver sowie Daten zum aktuellen Standort über das GPS-Satellitensystem. Darüber hinaus erhält der Prozess »berechne Route« den gewünschten Zielort vom Fahrer des Fahrzeuges mitgeteilt. Die berechnete Route wird im Datenspeicher »Routendaten« abgelegt.

Prozess »ermittle nächsten Wegpunkt«

Der Prozess 2 »ermittle nächsten Wegpunkt« erhält Daten zum aktuellen Standort und greift auf den Datenspeicher »Routendaten« zu, um die Daten der aktuellen Route zur erhalten. Der Prozess ermittelt mit diesen Daten den nächsten Wegpunkt und gibt diese Information aus.

Prozess »Neuberechnen der Route«

Der Prozess 3 »Neuberechnen der Route« berechnet die Route zum Zielort neu. Hierzu nutzt er die Verkehrsinformationen des Verkehrsinformationsservers und ggf. Standortinformationen. Die neu berechneten Routendaten werden in dem Datenspeicher »Routendaten« abgelegt.

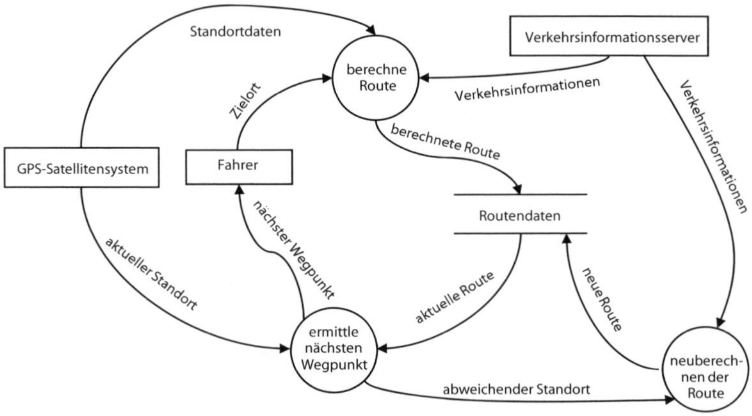

Abb. 6-11 Datenflussdiagramm in der Notation von DeMarco

6.6.2 Modelle der Funktionsperspektive und Kontrollfluss

In Datenflussdiagrammen ist nicht ersichtlich, unter welchen Bedingungen welche Prozesse ausgeführt werden. Datenflussdiagramme zeigen lediglich die Datenabhängigkeiten der Prozesse des Systems und dokumentieren die notwendigen Eingabedaten und die erzeugten Ausgabedaten. Die Ansätze der strukturierten Systemanalyse bieten allerdings häufig auch die Möglichkeit, komplementär zu den eigentlichen

Funktionsmodellen auch Verhaltens- bzw. Kontrollflussbeschreibungen anzugeben. Dies geschieht entweder durch separate Dokumentationsformen, wie z.B. den Minispezifikationen in der strukturierten Analyse, oder durch implizite Spracherweiterungen von Datenflussmodellen, die die Möglichkeit bieten, zusätzlich zu den Aspekten der Funktionsperspektive auch den Kontrollfluss zwischen Funktionen zu modellieren, wie z.B. in SA/RT [Ward und Mellor 1985; Hatley und Pirbhai 1988].

6.6.3 UML-Aktivitätsdiagramme

Das UML-Aktivitätsdiagramm eignet sich zur Modellierung von Abläufen [OMG 2007]. Neben Aktivitätsdiagrammen der UML sind ereignisgesteuerte Prozessketten (EPK) [Keller et al. 1992] ein weitverbreiteter Ansatz zur Ablaufmodellierung – insbesondere für die Entwicklung von Informationssystemen. UML-Aktivitätsdiagramme betrachten den Kontrollfluss zwischen Aktivitäten bzw. Aktionen des Systems. Bei einer sequenziellen Abfolge von Aktivitäten/Aktionen wird eine Folgeaktivität dann ausgeführt, wenn die vorangegangene Aktivität/Aktion terminiert. Abb. 6-12 zeigt wichtige Modellelemente von Aktivitätsdiagrammen der UML [OMG 2007].

Modellelemente von Aktivitätsdiagrammen

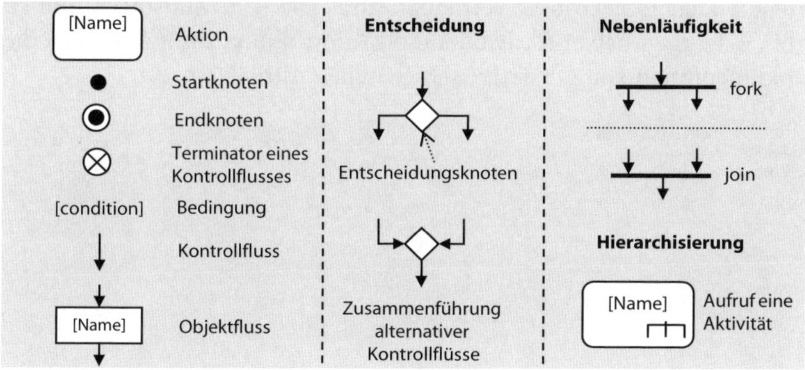

Abb. 6-12 Modellelemente von Aktivitätsdiagrammen der UML

Aktivitätsknoten

Aktivitätsdiagramme sind Kontrollflussgraphen, bestehend aus Aktivitätsknoten und dem Kontrollfluss zwischen den Aktivitätsknoten (d.h. den Kanten im Kontrollflussgraphen). Ein Aktivitätsknoten repräsentiert die Ausführung einer Aktivität. Aktivitätsdiagramme besitzen mit dem Startknoten und dem Endknoten zwei Aktivitätsknoten mit festgelegter Semantik. Der Startknoten repräsentiert ein Ereignis, das die Ausführung des Aktivitätsdiagramms initiiert. Endknoten sind spezielle Aktivitätsknoten, die die Terminierung des Aktivitätsdiagramms repräsentieren.

Kontrollflüsse, Objektflüsse und Verantwortlichkeiten

Die Darstellung von alternativen Kontrollflüssen wird in Aktivitätsdiagrammen durch Entscheidungsknoten ermöglicht. An den Entscheidungsknoten werden die Bedingungen zur Wahl eines alternativen Kontrollflusses annotiert. Zusätzlich gestatten es Synchronisationsbalken in Aktivitätsdiagrammen, nebenläufige Kontrollflüsse darzustellen. Als eine spezielle Ausprägungsform von Kontrollflüssen können innerhalb von Aktivitätsdiagrammen auch Objektflüsse dargestellt werden. Durch die Verwendung von Verantwortlichkeitsbereichen können Zuständigkeiten von Akteuren für einzelne Aktivitäten dokumentiert werden.

Ablaufmodellierung mittels UML-Aktivitätsdiagrammen

Das in Abb. 6-13 gezeigte Aktivitätsdiagramm dokumentiert den Prozess »Zum Zielort navigieren«. Ein- und Ausgabedaten können über die zusätzliche Modellierung von Objektflüssen an den Kanten festgehalten werden. Die Daten- bzw. Objektflüsse sind eine spezielle Ausprägung von Kontrollflüssen des Aktivitätsdiagramms. Für die Ausführung einer Aktivität bzw. Aktion gilt, dass diese erst dann ausgeführt wird, wenn die im Kontrollfluss vorgelagerten Aktivitäten terminieren und alle einlaufenden Objektflüsse verfügbar sind. Das Aktivitätsdiagramm in Abb. 6-13 zeigt neben Aktivitäten und Kontrollfluss zusätzlich auch die Dokumentation von Objektflüssen zwischen Aktivitäten.

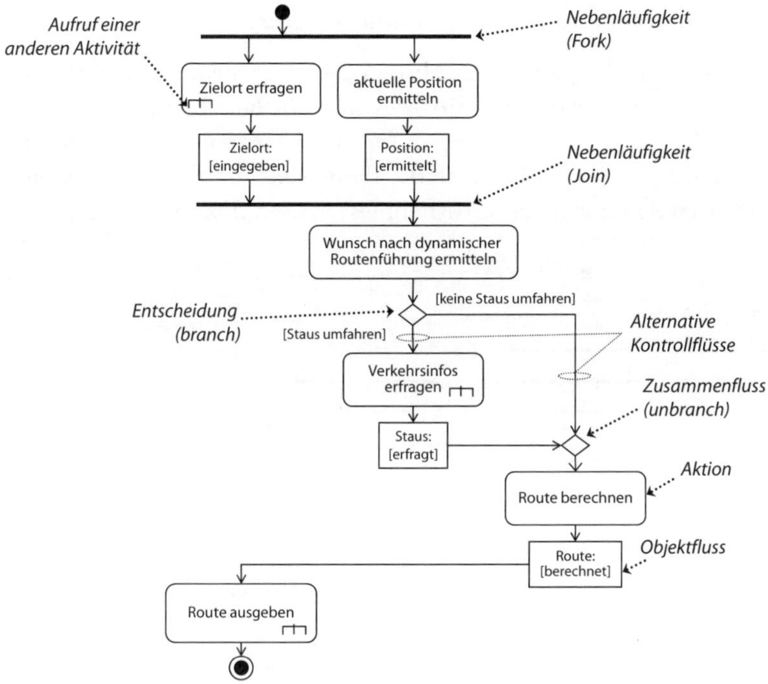

Abb. 6-13 Aktivitätsdiagramm in UML 2-Notation

Das gezeigte Aktivitätsdiagramm dokumentiert den Ablauf zur Ermittlung einer Route für ein Navigationssystem. Das Modell dokumentiert, dass zunächst der Zielort erfragt wird und unabhängig davon die aktuelle Position des Fahrzeugs festgestellt wird. Der eingegebene Zielort (Objektfluss: Objekt → Zielort; Zustand → eingegeben) und die ermittelte Position (Objektfluss: Objekt → Position; Zustand → ermittelt) werden weitergeleitet. Hat der Fahrer automatische Umfahrung von Verkehrsstaus gewählt, erfragt das System zunächst die Verkehrsinformationen. Im Anschluss an die Abfrage der Verkehrsinformationen oder falls der Fahrer keine Umfahrung von Verkehrsstaus gewählt hat, berechnet das System die Route zum Zielort. Die berechnete Route wird dann an den Fahrer ausgegeben.

Modellierung des Ablaufs eines Use Case

Aktivitätsdiagramme eignen sich besonders gut dazu, die Zusammenhänge und Ausführungsbedingungen von Haupt-, Alternativ- und Ausnahmeszenarien zu dokumentieren. Entscheidungsknoten repräsentieren Verzweigungen des Kontrollflusses zwischen dem Hauptszenario und Alternativ- und Ausnahmeszenarien.

Kontrollfluss der Haupt- und Alternativszenarien

Das Aktivitätsdiagramm in Abb. 6-14 zeigt den Kontrollfluss des Haupt- und Alternativszenarios des in Tab. 6-2 dokumentierten Use Case »Zum Zielort navigieren«. An den Entscheidungsknoten beginnen alternative Kontrollflusspfade, die jeweils die zum Hauptszenario definierten Alternativ- und Ausnahmeszenarien dokumentieren.

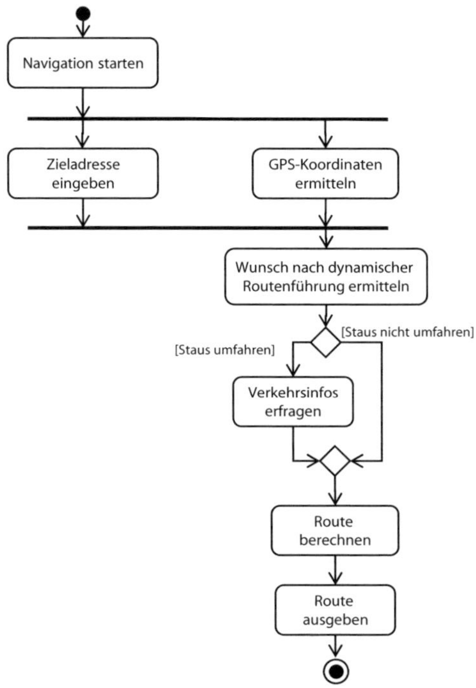

Abb. 6-14 Dokumentation des Kontrollflusses von Szenarien durch UML-Aktivitätsdiagramme

Haupt- und Alternativszenarien

Das Aktivitätsdiagramm dokumentiert, dass zunächst die Aktion »Navigation starten« ausgeführt wird. Im Anschluss daran werden unabhängig voneinander die Aktionen »Zieladresse eingeben« und »GPS-Koordinaten ermitteln« durchgeführt. Sind beide Aktionen ausgeführt, erfragt das System, ob der Fahrer den Wunsch nach dynamischer Routenführung hat (Aktion »Wunsch nach dynamischer Routenführung ermitteln«). Wünscht der Fahrer keine dynamische Routenführung (Auswahl »Staus nicht umfahren«), wird keine spezifische Aktion ausgeführt (Tab. 6-1 → Hauptszenario). Wenn der Fahrer dynamische Routenführung möchte (Auswahl »Staus umfahren«), werden die aktuellen Verkehrsinformationen (Aktion »Verkehrsinfos erfragen«) erfragt (Tab. 6-1 → Alternativszenario). Im Anschluss wird die Route berechnet (Aktion »Route berechnen«) und dann die Route dem Fahrer ausgegeben (Aktion »Route ausgeben«).

6.7 Anforderungsmodellierung in der Verhaltensperspektive

Endliche Automaten

Um das dynamische Verhalten eines Systems zu modellieren, werden für gewöhnlich Modellierungsansätze verwendet, die auf der Theorie endlicher Automaten aufbauen. Die Definition eines endlichen Automaten umfasst eine Menge von Zuständen und Zustandsübergängen, die, abhängig vom aktuellen Zustand des Automaten, durch das Eintreten eines Ereignisses ausgeführt werden.

Mealy- und Moore-Automaten

Im Rahmen der Systemmodellierung kommen Erweiterungen endlicher Automaten zum Einsatz, die häufig auf dem Automatenkonzept sogenannter Mealy- [Mealy 1955] bzw. Moore-Automaten [Moore 1956] basieren. Bei Mealy-Automaten ist die Ausgabe des Automaten jeweils vom aktuellen Zustand und der Eingabe abhängig. Im Gegensatz dazu ist bei Moore-Automaten die Ausgabe nur vom aktuellen Zustand abhängig.

6.7.1 Statecharts

Statecharts:= Zustandsautomaten + Hierarchisierung + Bedingungen + Nebenläufigkeit

Aufgrund von Problemen, die bei der Verwendung endlicher Automaten in der Praxis auftraten (wie z.B. fehlende Möglichkeiten zur Abstraktion), wurden die Automatenkonzepte zur Modellierung des reaktiven Verhaltens weiterentwickelt. Eine in der Praxis verbreitete Technik zur Modellierung des Verhaltens eines Systems stellen Statecharts [Harel 1987] dar. Bei Statecharts handelt es sich um ein Automatenkonzept, das auf endlichen Automaten beruht, diese allerdings um Möglichkeiten zur Hierarchisierung von Zuständen zur Angabe von Bedingungen für Zustandsübergänge und um die Modellierung von Nebenläufigkeit erweitert. Abb. 6-15 zeigt die Modellelemente von Statecharts in der von Harel vorgeschlagenen Notation [Harel 1987].

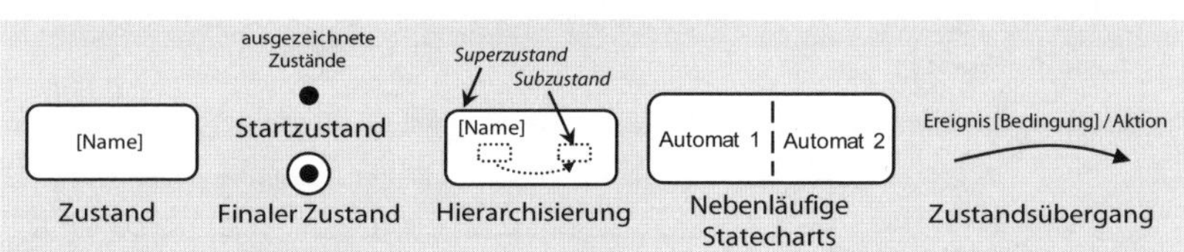

Abb. 6-15 Wichtige Modellelemente von Statecharts

Zustand

Ein Zustand definiert einen Zeitraum, in dem das betrachtete System ein bestimmtes Verhalten zeigt und auf das Eintreten eines definierten Ereignisses wartet, um einen definierten Zustandsübergang vornehmen zu können.

Zustandsübergang mit Bedingung und Aktion

Ein Zustandsübergang wird durch das Eintreten eines Ereignisses in einem spezifischen Zustand ausgelöst und beschreibt den Wechsel des Systems vom Ausgangszustand in einen Folgezustand. Der Zustandswechsel kann dabei zusätzlich an eine Bedingung geknüpft sein. Sowohl im Fall, dass das System sich in einem Zustand befindet (Moore-charakteristisch), als auch bei der Ausführung eines Zustandsübergangs (Mealy-charakteristisch) kann das System definierte Aktionen ausführen, die auf die Umgebung des Systems bzw. auf das System selbst wirken.

Hierarchisierung und Abstraktion

Statecharts ermöglichen eine Hierarchisierung von Zuständen, indem ein Zustand wiederum durch einen Automaten beschrieben wird. Der übergeordnete Zustand (als »Superzustand« bezeichnet) wird durch einen verfeinernden Automaten definiert. Die Hierarchisierung ermöglicht die Abstraktion von irrelevanten Details eines Zustands, indem, abhängig vom Verwendungszweck des Modells, etwa nur der Superzustand (anstelle des ihn definierenden Automaten) betrachtet bzw. modelliert wird. Das detaillierte Verhalten des Systems kann, wenn benötigt, durch die Definition eines entsprechenden Teilautomaten erfolgen.

Nebenläufigkeit

Neben der hierarchischen Zerlegung eines Zustands durch einen Automaten kann ein Zustand auch durch mehrere nebenläufige Automaten zerlegt werden. Die nebenläufigen Automaten können über Bedingungen für Zustandswechsel synchronisiert werden (z.B. »Wenn Automat A in Zustand 4«). Abb. 6-16 zeigt ein Verhaltensmodell für das Navigationsgerät eines Fahrzeugs in Form eines Statecharts. Das Navigationsgerät befindet sich zunächst im Zustand »Navigationsgerät inaktiv«.

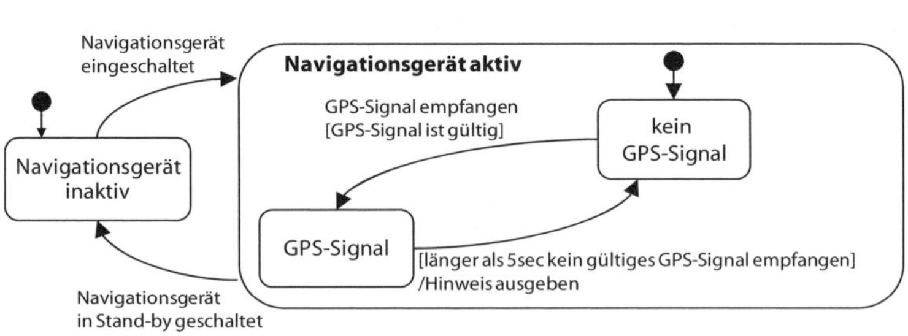

Abb. 6-16 Vereinfachtes Statechart eines Fahrzeug-Navigationsgeräts

Wechsel in einen Superzustand

Durch das Einschalten des Navigationsgeräts (Ereignis: »Navigationsgerät eingeschaltet«) wechselt das System in den Superzustand »Navigationsgerät aktiv« (genauer in den Startzustand »kein GPS-Signal« des Superzustands »Navigationsgerät aktiv«). Der Superzustand »Navigationsgerät aktiv« wird durch einen Teilautomaten verfeinert, der sich wiederum aus zwei Zuständen zusammensetzt. Wird beispielsweise im Zustand »Navigationsgerät aktiv: kein GPS-Signal«[9] ein GPS-Signal empfangen und ist das empfangene GPS-Signal gültig, so wechselt das System in den Zustand »Navigationsgerät aktiv: GPS-Signal«. Wird im Zustand »Navigationsgerät aktiv: GPS-Signal« für mehr als fünf Sekunden kein gültiges GPS-Signal empfangen, wechselt das System in den Zustand »Navigationsgerät aktiv: kein GPS-Signal« und gibt einen Hinweis aus. Wird im Zustand »Navigationsgerät aktiv« das Gerät ausgeschaltet (Ereignis »Navigationsgerät in Stand-by geschaltet«), wechselt das System vom Superzustand »Navigationsgerät aktiv« in den Zustand »Navigationsgerät inaktiv«.

6.7.2 UML-Zustandsdiagramm

Modellierung des reaktiven Verhaltens eines Systems in der UML

Zur Modellierung des reaktiven Verhaltens eines Systems bietet die Unified Modeling Language (UML) [OMG 2007] sogenannte Zustandsmaschinen, die im Wesentlichen auf Statecharts beruhen. Abb. 6-17 zeigt wichtige Modellelemente von UML-Zustandsdiagrammen. Die Notation der Modellelemente der UML für Zustandsmaschinen wurde größtenteils von Statecharts übernommen. Die UML 2 erweitert die Modellelemente von Statecharts z.B. um die Möglichkeit, explizite Eintritts- und Austrittspunkte bei hierarchischen Zuständen zu definieren [OMG 2007].

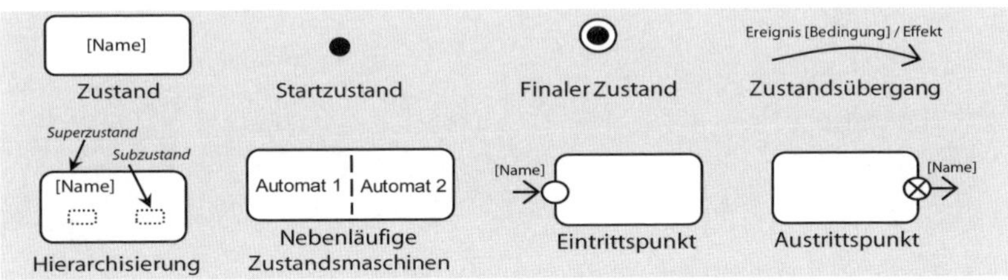

Abb. 6-17 Wichtige Modellelemente von Zustandsmaschinen in der UML 2

[9] Zur eindeutigen Identifikation werden Zustände in einem Superzustand durch »Superzustand:Zustand« referenziert, der Zustand »kein GPS-Signal« im Superzustand »Navigationsgerät aktiv« wird daher mit »Navigationsgerät aktiv: kein GPS-Signal« referenziert.

Zustände und Zustandsübergänge

Wie bei Statecharts definiert ein Zustand einen Zeitraum, in dem das System ein bestimmtes Verhalten zeigt und auf das Eintreten eines definierten Ereignisses wartet. Ein Zustandsübergang wird durch das Eintreten eines Ereignisses in einem bestimmten Zustand ausgelöst und beschreibt den Wechsel des Systems von diesem Zustand in einen Folgezustand. Der Zustandsübergang kann zusätzlich an eine Bedingung geknüpft sein. Darüber hinaus kann das System Aktionen ausführen, die auf die Umgebung des Systems wirken.

Hierarchisierung und Nebenläufigkeit

Abhängig vom Verwendungszweck gestattet es die Hierarchisierung in Zustandsmaschinen, Superzustände zu bilden und dabei von dem eventuell komplexen Verhalten in diesen Zuständen zu abstrahieren. Neben der hierarchischen Zerlegung eines Zustands durch einen Teilautomaten kann ein Zustand auch in mehrere nebenläufige Zustandsmaschinen zerlegt werden. Wie bei Statecharts erfolgt zudem die Synchronisierung der nebenläufigen Zustandsmaschinen über Bedingungen.

Kapselung interner Zustände durch Eintritts- und Austrittspunkte

Als Erweiterung von Statecharts wurden in der UML 2 im Rahmen der Hierarchisierung von Zuständen Eintritts- und Ausgangspunkte als zusätzliche Modellelemente aufgenommen. Ein Eintrittspunkt (*entry point*) ist ein extern sichtbarer Pseudozustand, der unmittelbar mit einem internen Zustand assoziiert ist. Ein Austrittspunkt (*exit point*) ist ein extern sichtbarer Pseudozustand, der als Ursprung einen internen Zustand besitzt. Ein Superzustand innerhalb einer Zustandsmaschine kann beliebig viele Eintritts- bzw. Austrittspunkte besitzen, die dann durch einen Namen identifiziert werden [Rumbaugh et al. 2005].

Abb. 6-18 zeigt ein Zustandsdiagramm der UML, das neben den in Abschnitt 6.7.1 vorgestellten Konstrukten von Statecharts noch zwei explizit definierte Eintrittspunkte (»neues Ziel eingeben« und »letztes Ziel«) und einen Austrittspunkt (»Navigation erfolgreich«) besitzt.

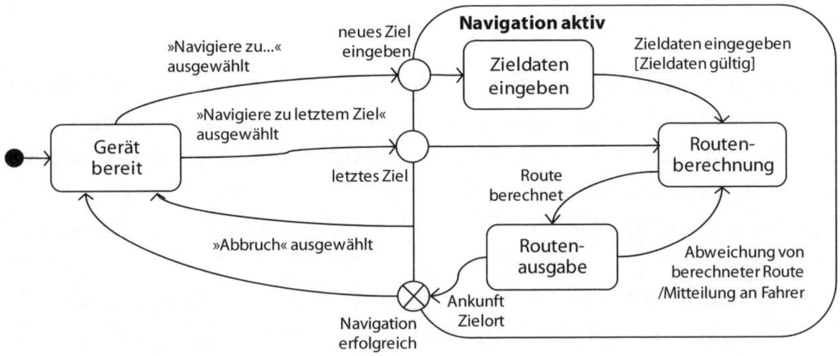

Abb. 6-18 Zustandsdiagramm in UML 2-Notation

Das Zustandsdiagramm in Abb. 6-18 dokumentiert das reaktive Verhalten des betrachteten Navigationssystems. Das System befindet sich zu Beginn im Zustand »Gerät bereit«. Durch die Auswahl »Navigiere zu« wechselt das System über den Eintrittspunkt »neues Ziel eingeben« in den Superzustand »Navigation aktiv« und dort in den internen Zustand »Zieldaten eingeben«. Alternativ wechselt das System vom Zustand »Gerät bereit« durch das Eintreten des Ereignisses »Navigiere zu letztem Ziel« über den Eintrittspunkt »letztes Ziel« zum internen Zustand »Routenberechnung« des Superzustands »Navigation aktiv«. Ist das System im Zustand »Navigation aktiv: Zieldaten eingeben«, dann wechselt es mit dem Ereignis »Zieldaten eingegeben«, unter der Bedingung, dass diese Zieldaten gültig sind, in den Zustand »Navigation aktiv: Routenberechnung«.

Ist im Zustand »Navigation aktiv: Routenberechnung« die Route berechnet (Ereignis: »Route berechnet«), wechselt das System in den Zustand »Navigation aktiv: Routenausgabe«. Wird im Zustand »Navigation aktiv: Routenausgabe« eine Abweichung von der berechneten Route festgestellt (Ereignis: »Abweichung von berechneter Route«), wechselt das System in den Zustand »Navigation aktiv: Routenberechnung« und gibt eine Mitteilung an den Fahrer aus (Aktion: »Mitteilung an Fahrer«). Befindet sich das System im Zustand »Navigation aktiv«, wechselt es durch das Ereignis »Abbruch gewählt« in den Zustand »Gerät bereit«. Wird im Zustand »Navigation aktiv: Routenausgabe« der Zielort erreicht, verlässt das System über den Austrittspunkt »Navigation erfolgreich« den Superzustand »Navigation aktiv« und wechselt ebenfalls in den Zustand »Gerät bereit«.

6.8 Zusammenfassung

Neben der natürlichsprachigen Dokumentation von Anforderungen können Anforderungen auch in Form von Modellen dokumentiert werden. Typischerweise werden die natürlichsprachige und modellbasierte Dokumentation von Anforderungen heute oftmals in Kombination eingesetzt, um die Vorteile beider Dokumentationsformen nutzen zu können.

Die modellbasierte Dokumentation von Anforderungen besitzt dabei u.a. den Vorteil, dass grafische (bildhafte) Beschreibungen von Sachverhalten in der Regel schneller und besser verstanden werden als natürlichsprachige Beschreibungen. Zu den häufig im Requirements Engineering eingesetzten konzeptuellen Modellen zählen Zielmodelle (z.B. in Form von Und-Oder-Bäumen) und Use-Case-Diagramme sowie konzeptuelle Modelle zur Dokumentation von Anforderungen aus den drei Perspektiven: Strukturperspektive, Funktionsperspektive und Verhaltensperspektive. Für jede dieser drei Perspektiven existieren geeignete konzeptuelle Modellierungssprachen, um die in der Perspektive jeweils betrachteten Informationen in zweckmäßigen konzeptuellen Modellen zu dokumentieren.

7 Anforderungen prüfen und abstimmen

Die Prüfung und Abstimmung von Anforderungen im Requirements Engineering soll sicherstellen, dass die dokumentierten Anforderungen festgelegten Qualitätskriterien genügen, wie z.B. Korrektheit und Abgestimmtheit (vgl. Abschnitt 4.6). Die vorgestellten Prinzipien und Techniken können dabei zur Prüfung und Abstimmung einzelner Anforderungen, aber auch zur Prüfung und Abstimmung von Anforderungsdokumenten eingesetzt werden.

7.1 Grundlagen der Prüfung von Anforderungen

Im Verlauf des Requirements Engineering ist es notwendig, die Qualität der entwickelten Anforderungen zu überprüfen. Die Anforderungen werden dabei u.a. den Stakeholdern mit dem Ziel vorgelegt, Abweichungen zwischen den definierten Anforderungen und ihren Wünschen bzw. Bedürfnissen zu identifizieren.

Freigabe von Anforderungen

Im Rahmen der Überprüfung von Anforderungen wird die Entscheidung getroffen, ob eine Anforderung die nötige Qualität aufweist (siehe Kapitel 4) und ob die Anforderung für weitere Entwicklungsaktivitäten (Entwurf, Realisierung und Test) freigegeben werden kann. Diese Entscheidung sollte anhand von vorher festgelegten Prüf- und Abnahmekriterien erfolgen.

Ziel der Überprüfung

Das Ziel der Überprüfung von Anforderungen ist es somit, Fehler in den dokumentierten Anforderungen zu entdecken. Typische Beispiele für Fehler in Anforderungen sind Mehrdeutigkeit, Unvollständigkeit und Widersprüche (vgl. Abschnitt 7.3).

»Fehlerfortpflanzung«

Anforderungsdokumente sind Referenzdokumente für alle weiteren Entwicklungsaktivitäten. Daher beeinträchtigen Fehler in Anforderungen alle weiteren Entwicklungsaktivitäten. Ein Anforderungsfehler, der erst im Betrieb des erstellten Systems identifiziert wird, erfordert die Überarbeitung aller Artefakte, die von dem Fehler betroffen sind, wie beispielsweise Quellcode, Testartefakte oder Architekturbeschreibungen. Die Beseitigung solcher Anforderungsfehler verursacht daher oftmals erhebliche Kosten.

Rechtliche Risiken

Ein Vertrag zwischen Auftraggeber und Auftragnehmer wird häufig basierend auf Anforderungsdokumenten geschlossen. Kritische Fehler in Anforderungen können daher dazu führen, dass durch einen Vertrag getroffene Vereinbarungen nicht eingehalten werden können, wie z.B. der Leistungsumfang, die Qualität oder der Zeitpunkt der Fertigstellung.

7.2 Grundlagen der Abstimmung von Anforderungen

Widersprechende Anforderungen erzeugen Konflikte

Besteht bzgl. der Anforderungen unter den Stakeholdern ein Widerspruch in der Art, dass die Anforderungen nicht gemeinsam in einem System umgesetzt werden können, entsteht ein Konflikt zwischen den widersprüchlichen Anforderungen und ebenso zwischen den Stakeholdern, die diese Anforderungen fordern. Zum Beispiel könnte ein Stakeholder fordern, dass das zu erstellende System im Fehlerfall abschaltet, wohingegen ein anderer Stakeholder verlangen könnte, dass das System im Fehlerfall neu startet.

Risiken und Chancen von Konflikten

Die Akzeptanz eines geplanten Systems wird durch unaufgelöste Konflikte gefährdet, da unaufgelöste Konflikte dazu führen, dass die Anforderungen mindestens einer Gruppe von Stakeholdern nicht umgesetzt werden. Im schlimmsten Fall kann ein unbeachteter Konflikt dazu führen, dass die Entwicklung eines Systems nicht weiter durch die betroffenen Stakeholder unterstützt wird und dadurch die Entwicklung gänzlich scheitert (z.B. [Easterbrook 1994]). Neben den genannten Risiken sind Konflikte allerdings auch eine Chance für das Requirements Engineering, da Konflikte zwischen Stakeholdern eine Lösung erfordern, die unter Umständen auch zur Entwicklung von neuen Ideen beitragen oder mögliche Optionen in der Entwicklung aufzeigen kann (z.B. [Gause und Weinberg 1989]). Folglich verbessert eine offene Behandlung und Auflösung von Konflikten im Requirements Engineering die Akzeptanz eines Systems.

Ziel der Abstimmung über Anforderungen

Das Ziel der Abstimmung von Anforderungen ist es, unter den relevanten Stakeholdern ein gemeinsames und übereinstimmendes Verständnis bzgl. der Anforderungen an das zu entwickelnde System herbeizuführen.

Verringerung der Kosten und Risiken in späteren Phasen

Die Überprüfung und Abstimmung der Anforderungen ist eine Aktivität, die fortlaufend (in unterschiedlicher Intensität) über das gesamte Requirements Engineering hinweg erfolgen muss. Die Überprüfung und Abstimmung von Anforderungen verursacht dabei zusätzlichen Aufwand und somit zusätzliche Kosten. Der durch die Überprüfung und Abstimmung der Anforderungen erzielte, in den vorangegangenen Abschnitten beschriebene Vorteil (Kostenersparnis, Erhöhung der Akzeptanz des Systems, Unterstützung der Definition innovativer Anforderungen) ist in der Regel jedoch wesentlich höher als die durch die Überprüfung und Abstimmung entstehenden Kosten.

7.3 Qualitätsaspekte für Anforderungen

In den Abschnitten 4.5 und 4.6 wurden verschiedene Qualitätskriterien für Anforderungsdokumente und Anforderungen vorgestellt. Ein wesentlicher Zweck solcher Qualitätskriterien (z.B. Vollständigkeit, Verständlichkeit und Abgestimmtheit) ist es, die Überprüfung von Anforderungen zu systematisieren (siehe Abschnitt 1.1.2). Zur Überprüfung ist es dabei notwendig, die der Prüfung zugrunde gelegten Qualitätskriterien zweckmäßig zu konkretisieren, um eine möglichst objektive und einheitliche Überprüfung zu gewährleisten.

Die Überprüfung von Anforderungen sollte hierbei, analog zu den Zielen des Requirements Engineering (vgl. Abschnitt 1.1.2), die folgenden drei Hauptziele betrachten:

- *Inhalt:* Wurden alle relevanten Anforderungen ermittelt und im erforderlichen Detaillierungsgrad erfasst?
- *Dokumentation:* Wurden die Anforderungen gemäß der festgelegten Dokumentations- und Spezifikationsvorschriften dokumentiert?
- *Abgestimmtheit:* Stimmen alle Stakeholder mit den dokumentierten Anforderungen überein und sind alle bekannten Konflikte aufgelöst?

Drei Qualitätsaspekte

Die Überprüfung dieser drei Ziele erfordert jeweils ein differenziertes Vorgehen, daher werden die folgenden drei Qualitätsaspekte für Anforderungen definiert:

- Qualitätsaspekt »Inhalt«
- Qualitätsaspekt »Dokumentation«
- Qualitätsaspekt »Abgestimmtheit«

Eine Anforderung sollte nur dann für nachfolgende Entwicklungsaktivitäten freigegeben werden, wenn alle drei Qualitätsaspekte geprüft wurden. Die Qualitätsaspekte werden im Folgenden detailliert beschrieben und (ohne Anspruch auf Vollständigkeit) durch verschiedene Qualitätskriterien konkretisiert.

7.3.1 Qualitätsaspekt »Inhalt«

Der Qualitätsaspekt »Inhalt« bezieht sich auf die Überprüfung von Anforderungen auf inhaltliche Fehler. Inhaltliche Fehler in einer Anforderung führen dazu, dass nachfolgende Entwicklungsaktivitäten negativ beeinflusst werden oder auf der Basis falscher Informationen arbeiten.

Prüfkriterien des Qualitätsaspekts »Inhalt«

Inhaltliche Fehler sind gegeben, wenn spezifische Qualitätskriterien für Anforderungen (siehe Abschnitt 4.6) oder für Anforderungsdokumente (siehe Abschnitt 4.5) verletzt sind. Die Überprüfung von Anforderungen bzgl. des Qualitätsaspekts Inhalt ist erfolgreich, wenn eine Überprüfung der Anforderungen auf folgende Fehlerarten durchgeführt wurde und keine signifikanten Mängel entdeckt wurden:

Acht Prüfkriterien für den Qualitätsaspekt »Inhalt«

- *Vollständigkeit (Menge aller Anforderungen):* Sind alle relevanten Anforderungen an das geplante System (für das nächste Systemrelease) erfasst?
- *Vollständigkeit (einzelner Anforderung):* Beschreibt jede Anforderung alle für diese Anforderung notwendigen Informationen?
- *Verfolgbarkeit:* Sind alle relevanten Verfolgbarkeitsbeziehungen definiert (z.B. zu relevanten Anforderungsquellen)?
- *Korrektheit/Adäquatheit:* Spiegeln die Anforderungen die Bedürfnisse und Wünsche der Stakeholder in angemessener Weise wider?
- *Konsistenz:* Sind alle definierten Anforderungen an das geplante System gemeinsam erfüllbar bzw. stehen die Anforderungen nicht miteinander in Widerspruch?
- *Keine vorzeitigen Entwurfsentscheidungen:* Wurden Entwurfsentscheidungen in den Anforderungen vorweggenommen, die nicht durch Randbedingungen induziert sind (z.B. Randbedingung, die die Verwendung einer Client/Server-Architektur vorschreibt)?
- *Überprüfbarkeit:* Können basierend auf den Anforderungen Abnahme- bzw. Prüfkriterien definiert werden bzw. sind diese bereits definiert?
- *Notwendigkeit:* Trägt jede Anforderung zur Erfüllung eines definierten Ziels bei?

7.3.2 Qualitätsaspekt »Dokumentation«

Der Qualitätsaspekt »Dokumentation« betrifft die Überprüfung von Anforderungen auf Mängel in der Dokumentation bzw. auf Verstöße gegen geltende Dokumentationsvorschriften, wie z.B. Verständlichkeit der verwendeten Dokumentationsformate oder die Erfüllung organisatorischer oder projektspezifischer Richtlinien bzgl. der Dokumentation von Anforderungen sowie der Struktur von Anforderungsdokumenten.

Folgen nicht erfüllter Dokumentationsvorschriften

Die Missachtung von Dokumentationsvorschriften führt u.a. zu folgenden Risiken:

- *Behinderung von Entwicklungsaktivitäten*: Entwicklungsaktivitäten, die auf einem festgelegten Dokumentationsformat beruhen, können nicht durchgeführt werden.
- *Unverständlichkeit von Anforderungen*: Die Anforderungen sind für die Adressaten nicht verwendbar bzw. nicht verständlich.
- *Unvollständigkeit*: Relevante Informationen sind nicht in den Anforderungen dokumentiert.
- *Übersehen von Anforderungen*: Sind Anforderungen nicht an der vorgeschriebenen Stelle im Anforderungsdokument definiert, so können diese Anforderungen leicht von Stakeholdern der Folgeaktivitäten übersehen werden.

Prüfkriterien des Qualitätsaspekts »Dokumentation«

Die Überprüfung von Anforderungen bzgl. des Qualitätsaspekts Dokumentation ist erfolgreich, wenn eine Überprüfung der Anforderungen bzw. des Anforderungsdokuments auf folgende Fehlerarten durchgeführt wurde und keine signifikanten Mängel entdeckt wurden:

Fünf Prüfkriterien für den Qualitätsaspekt »Dokumentation«

- *Konformität zum Dokumentationsformat*: Erfolgte die Dokumentation der Anforderungen in dem vorgeschriebenen Dokumentationsformat? Wurde beispielsweise die vorgegebene Schablone oder die vorgegebene Modellierungssprache zur Dokumentation der Anforderungen verwendet?
- *Konformität zur Dokumentenstruktur*: Wurde die Struktur des Anforderungsdokuments eingehalten? Wurden z.B. alle Anforderungen an der dafür vorgesehenen Stelle dokumentiert?
- *Verständlichkeit:* Können die dokumentierten Anforderungen in dem gegebenen Kontext verstanden werden? Wurden z.B. die verwendeten Begriffe in einem Glossar definiert (vgl. Abschnitt 4.7)?
- *Eindeutigkeit:* Lässt die Dokumentation der Anforderungen eine eindeutige Interpretation zu oder sind mehrere unterschiedliche Interpretationen möglich? Ist beispielsweise die textuelle Anforderung sprachlich eindeutig?

- *Konformität mit Dokumentationsregeln:* Sind die festgelegten Dokumentationsregeln und Dokumentationsrichtlinien beachtet worden? Wurde beispielsweise die Syntax der vorgegebenen Modellierungssprache eingehalten?

7.3.3 Qualitätsaspekt »Abgestimmtheit«

Der Qualitätsaspekt »Abgestimmtheit« bezieht sich auf die Überprüfung von Anforderungen auf Mängel in der Abstimmung der Anforderungen unter den relevanten Stakeholdern.

Letzte Möglichkeit für Änderungen

Stakeholder erwerben im Verlauf des Requirements-Engineering-Prozesses neues Wissen über das geplante System. Durch das zusätzliche Wissen kann sich die Meinung von Stakeholdern über bereits abgestimmte Anforderungen ändern. Im Rahmen der Prüfung von Anforderungen haben Stakeholder die Möglichkeit, Änderungswünsche zu äußern, ohne die nachfolgenden Entwicklungsaktivitäten zu beeinträchtigen.

Prüfkriterien des Qualitätsaspekts »Abgestimmtheit«

Die Überprüfung von Anforderungen bzgl. des Qualitätsaspekts Abgestimmtheit ist erfolgreich, wenn eine Überprüfung der Anforderungen auf folgende Fehlerarten durchgeführt wurde und keine signifikanten Mängel entdeckt wurden:

Drei Prüfkriterien für den Qualitätsaspekt »Abgestimmtheit«

- *Abstimmung:* Wurde jede Anforderung mit allen relevanten Stakeholdern abgestimmt?
- *Abstimmung nach Änderungen:* Wurde für jede geänderte Anforderung die Zustimmung der Stakeholder nach der Änderung erneut eingeholt?
- *Konflikte aufgelöst:* Wurden alle bekannten Konflikte bzgl. der Anforderungen aufgelöst?

7.4 Prinzipien der Prüfung von Anforderungen

Die Beachtung der folgenden sechs Prinzipien der Überprüfung von Anforderungen verbessert die Qualität der Überprüfungsergebnisse:

- *Prinzip 1:* Beteiligung der richtigen Stakeholder
- *Prinzip 2:* Trennung von Fehlersuche und Fehlerkorrektur
- *Prinzip 3:* Prüfung aus unterschiedlichen Sichten
- *Prinzip 4:* Geeigneter Wechsel der Dokumentationsform
- *Prinzip 5:* Konstruktion von Entwicklungsartefakten
- *Prinzip 6:* Wiederholte Prüfung

Die einzelnen Prinzipien werden im Folgenden erläutert.

7.4.1 Prinzip 1: Beteiligung der richtigen Stakeholder

Die Auswahl von Stakeholdern für die Prüfung von Anforderungen richtet sich nach dem Ziel der Prüfung sowie nach den zu prüfenden Anforderungen.

Bei der Zusammenstellung des Prüfungsteams sollten zumindest die nachfolgend erläuterten zwei Aspekte beachtet werden.

Unabhängigkeit des Prüfers

Im Allgemeinen sollte es vermieden werden, dass eine Anforderung durch den Ersteller überprüft wird. Der Ersteller einer Anforderung greift beim Lesen bzw. Betrachten einer Anforderung auf sein eigenes Wissen zurück. Dieses Wissen kann die Identifikation von Fehlern negativ beeinflussen, da potenziell fehlerhafte Stellen der Anforderung unbewusst durch eigenes Wissen ergänzt werden und dadurch übersehen werden können.

Interne vs. externe Prüfer

Geeignete Prüfer für Anforderungen können innerhalb und außerhalb der entwickelnden Organisation identifiziert werden. Eine interne Prüfung wird von Stakeholdern durchgeführt, die innerhalb der entwickelnden Organisation stehen, und kann beispielsweise zur Vorprüfung von Zwischenständen der Anforderungen genutzt werden. Eine interne Prüfung ist leichter zu koordinieren und zu organisieren, da Stakeholder innerhalb der entwickelnden Organisation leichter verfügbar sind. Eine externe Prüfung wird von Stakeholdern durchgeführt, die außerhalb der entwickelnden Organisation stehen. Eine externe Prüfung erfordert einen größeren Aufwand, da diese Prüfer identifiziert und (ggf. kostenpflichtig) beauftragt werden müssen. Des Weiteren müssen sich externe Prüfer ggf. in den Kontext des geplanten Systems einarbeiten. Eine externe Prüfung sollte aufgrund des hohen Aufwands nur für Anforderungen mit einem möglichst hohen Qualitätsgrad durchgeführt werden.

7.4.2 Prinzip 2: Trennung von Fehlersuche und Fehlerkorrektur

Grundlegendes Prinzip

Die Trennung zwischen der Suche nach Fehlern und der eigentlichen Korrektur des Fehlers ist ein bewährtes Prinzip bei der Qualitätssicherung von Software. Das gleiche Prinzip kann auf die Prüfung von Anforderungen übertragen werden. Bei der Überprüfung werden die Mängel in den Anforderungen lediglich dokumentiert. Im Anschluss an die Überprüfung wird für jeden identifizierten Mangel geprüft, ob es sich wirklich um einen Fehler handelt.

Konzentration auf Aufdeckung von Fehlern

Die Trennung von Fehlersuche und Fehlerkorrektur erlaubt die Konzentration auf die Fehleridentifikation. Die Korrekturaktivitäten setzen erst im Anschluss an die Prüfung ein. Dies hat den Vorteil, dass die für die Fehlerkorrektur verfügbaren Ressourcen gezielt eingesetzt werden können und dass die frühzeitige Korrektur von Fehlern keine zusätzlichen Fehler in den Anforderungen erzeugt bzw. vermeintliche Fehler korrigiert werden, die sich bei näherer Untersuchung nicht als Fehler herausstellen. Zudem wird vermieden, dass man sich bei der Überprüfung auf die Korrektur eines zuerst entdeckten Fehlers konzentriert und hierdurch das Risiko eingeht, eventuell vorhandene signifikante Fehler zu übersehen.

7.4.3 Prinzip 3: Prüfung aus unterschiedlichen Sichten

Perspektivenbasierte Prüfung

Die Prüfung von Anforderungen aus unterschiedlichen Sichten hat sich ebenfalls in der Praxis bewährt. Bei diesem Vorgehen werden Anforderungen jeweils aus einem bestimmten Blickwinkel (z.B. von unterschiedlichen Personen) überprüft bzw. abgestimmt (vgl. auch Abschnitt 7.5.4 zum Thema perspektivenbasiertes Lesen). Vergleichbare Vorgehensweisen werden ebenfalls in anderen Disziplinen eingesetzt. Zum Beispiel wird in einer Gerichtsverhandlung ein Sachverhalt aus den Perspektiven verschiedener Personen geschildert, um zu einem schlüssigen Gesamtbild zu gelangen.

7.4.4 Prinzip 4: Geeigneter Wechsel der Dokumentationsform

Stärken und Schwächen von Dokumentationsformen

Ein Wechsel der Dokumentationsform bei der Überprüfung von Anforderungen nutzt die Stärken einer bestimmten Dokumentationsform, um die Schwächen einer anderen Dokumentationsform auszugleichen. Beispielsweise sind die leichte Verständlichkeit und hohe Ausdruckskraft eine Stärke natürlichsprachiger Texte. Eine Schwäche natürlichsprachiger Texte ist jedoch die teilweise mangelnde Eindeutigkeit und die Schwierigkeit beim Ausdruck komplexer Sachverhalte. Grafische Modelle können komplexe Sachverhalte gut darstellen, sind aber durch die jeweiligen Modellierungskonstrukte in ihrer Ausdruckskraft eingeschränkt.

Leichtere Identifikation von Fehlern

Die Überführung einer bereits dokumentierten Anforderung in eine andere Dokumentationsform erleichtert das Auffinden von Fehlern. So können z.B. Mehrdeutigkeiten in natürlichsprachigen Anforderungen durch eine Überführung in eine modellbasierte Darstellung leichter entdeckt werden.

7.4.5 Prinzip 5: Konstruktion von Entwicklungsartefakten

Eignung der Anforderungen für Entwurf, Test und Handbucherstellung

Die Konstruktion von Entwicklungsartefakten zielt darauf ab, die Qualität von Anforderungen z.B. als Grundlage für die Erstellung von Entwurfsartefakten, Testartefakten oder des Benutzerhandbuchs zu prüfen. Im Rahmen der Überprüfung werden die Entwicklungsaktivitäten zur Konstruktion der jeweiligen Entwicklungsartefakte beispielhaft durchgeführt. Zum Beispiel setzt sich ein Prüfer bei der Erstellung eines Testfalls mit den entsprechenden Anforderungen intensiv auseinander und kann so Fehler (wie z.B. Mehrdeutigkeiten) in den Anforderungen identifizieren. Diese Art der Überprüfung ist allerdings sehr ressourcenaufwendig, da nachfolgende Entwicklungsaktivitäten teilweise ausgeführt werden.

7.4.6 Prinzip 6: Wiederholte Prüfung

Die Überprüfungsaktivität findet zu einem bestimmten Zeitpunkt im Entwicklungsprozess statt und bezieht sich auf den Kenntnisstand der Prüfer zu diesem Zeitpunkt. Im Verlauf des Requirements-Engineering-Prozesses gewinnen Stakeholder neues Wissen über das geplante System. Daher ist eine positive Überprüfung von Anforderungen keine Garantie dafür, dass Anforderungen zu einem späteren Zeitpunkt ebenfalls gültig sind. Die Überprüfung von Anforderungen sollte u.a. in den folgenden Fällen mehrfach erfolgen:

- Hoher Innovationsanteil in dem System
- Hoher Wissenszugewinn während des Requirements Engineering
- Längerfristige Projekte
- Sehr frühe Prüfung von Anforderungen
- Unbekannte Domäne
- Wiederverwendung von Anforderungen

7.5 Techniken zur Prüfung von Anforderungen

In diesem Abschnitt werden Techniken zur Prüfung von Anforderungen vorgestellt. Häufig werden zur Prüfung von Anforderungen manuelle Prüftechniken eingesetzt, die unter dem Oberbegriff des Reviews bekannt sind. Bei Reviews werden drei Ausprägungsformen unterschieden:

- Stellungnahme
- Inspektion
- Walkthrough

Neben den Reviews haben sich die folgenden drei Techniken zur Überprüfung von Anforderungen bewährt:

- Perspektivenbasiertes Lesen
- Prüfung durch Prototypen
- Einsatz von Checklisten

Im Folgenden stellen wir die sechs genannten Techniken vor. Im Vorfeld der Anwendung einer dieser Techniken sind selbstverständlich die notwendigen vorbereitenden Aufgaben durchzuführen, wie z.B. Identifikation und rechtzeitige Einladung der richtigen Teilnehmer oder Bereitstellung geeigneter Räumlichkeiten.

7.5.1 Stellungnahme

Individuelle Prüfung von Anforderungen

Bei der Prüftechnik Stellungnahme übergibt der Autor seine Anforderungen an eine dritte Person (z.B. einem Kollegen) mit dem Ziel, von dieser Person eine Expertise bzgl. der Qualität der Anforderungen zu erhalten. Diese Person überprüft die Anforderungen dann mit dem Ziel, Qualitätsmängel in den Anforderungen (z.B. Mehrdeutigkeiten oder Fehler) hinsichtlich vorher festgelegter Qualitätskriterien zu identifizieren. Identifizierte Qualitätsmängel in den Anforderungen werden dabei im Dokument markiert und in komprimierter Form erläutert.

7.5.2 Inspektion

(Software-)Inspektionen haben das Ziel, Entwicklungsartefakte anhand eines strikten Prozessschemas systematisch nach Fehlern zu durchsuchen [Laitenberger und DeBaud 2000].

Typische Phasen einer Inspektion

Eine Inspektion ist typischerweise in die Phasen Planung, Übersicht, Fehlersuche, Fehlersammlung, Fehlerkorrektur, Nachkontrolle und Reflexion unterteilt [Gilb und Graham 1993], wobei für die Überprüfung von Anforderungen die Phasen Planung, Übersicht, Fehlersuche und Fehlersammlung relevant sind (siehe Prinzip »Trennung von Fehlersuche und Fehlerkorrektur«, Abschnitt 7.4.2). Die individuelle Vorbereitung bei Inspektionen ist ein obligatorischer Teil der Inspektion. Eine Inspektionssitzung dient in der Regel nur zum Sammeln und Bewerten der Befunde. Gelegentlich wird im Rahmen von Inspektionen sogar völlig auf die Durchführung einer Inspektionssitzung verzichtet.

Planung

In der Planungsphase werden u.a. das Ziel der Inspektion, die zu inspizierenden Arbeitsergebnisse, die Art der Durchführung der Inspektion und die Rollen bzw. Teilnehmer der Inspektion festgelegt.

Übersicht

In der Übersichtsphase erläutert der Autor den anderen Mitgliedern des Inspektionsteams die zu überprüfenden Anforderungen, damit innerhalb des Inspektionsteams ein gemeinsames Verständnis über die Anforderungen entsteht.

Fehlersuche

In der Phase Fehlersuche durchsuchen die Inspektoren die Anforderung nach möglichen Fehlern. Die Fehlersuche kann von den Inspektoren individuell oder im Team durchgeführt werden. Die individuelle Fehlersuche hat den Vorteil, dass sich jeder Inspektor auf die Anforderung konzentrieren kann. Die Fehlersuche im Team besitzt dagegen den Vorteil, dass die Kommunikation zwischen Inspektoren Synergieeffekte bei der Fehlersuche erzeugen kann. Im Rahmen der Fehlersuche werden identifizierte Fehler auch zweckmäßig dokumentiert.

Fehlersammlung und -konsolidierung

In der Phase Fehlersammlung werden die identifizierten Fehler zusammengetragen, konsolidiert und dokumentiert. Im Rahmen der Konsolidierung können z.B. doppelte Fehler oder unechte Fehler identifiziert werden. Ein unechter Fehler kann z.B. dadurch entstehen, dass ein Inspektor falsche Annahmen über die Anforderung trifft oder einen Sachverhalt falsch interpretiert hat. Zusammen mit der Konsolidierung werden die gefundenen Fehler und Korrekturmaßnahmen in einer Fehlerliste dokumentiert. Inspektionen werden mitunter auch als »Technische Reviews« bezeichnet.

Rollen in der Inspektion

Für die Durchführung einer Inspektion sind die folgenden Rollen mit geeigneten Personen zu besetzen:

- *Organisator:* Der Organisator plant und überwacht den Inspektionsprozess.
- *Moderator:* Der Moderator leitet die Sitzung und überwacht die Einhaltung des Prozessschemas. Es empfiehlt sich, einen neutralen Moderator zu wählen, da dieser ggf. gegensätzliche Interessen von Autoren und Inspektoren ausgleichen kann.
- *Autor:* Der Autor erläutert den Inspektoren die von ihm erstellten Anforderungen in der Übersichtsphase und ist später für die Behebung von aufgedeckten Fehlern zuständig.
- *Vorleser:* Der Vorleser stellt die zu inspizierenden Anforderungen sukzessive vor und führt die Inspektoren durch die zu untersuchende Anforderung. Die Rolle des Vorlesers sollte durch einen neutralen Stakeholder besetzt werden, damit die Inspektoren ihre Aufmerksamkeit auf die Anforderung selbst und nicht auf die

Interpretation des Autors richten. Häufig übernimmt der Moderator die Aufgaben des Vorlesers.
- *Inspektoren:* Die Inspektoren sind für das Auffinden von Fehlern verantwortlich und teilen die gefundenen Fehler den anderen Mitgliedern des Inspektionsteams mit.
- *Protokollant:* Der Protokollant führt ein Protokoll über die Ergebnisse der Inspektion.

7.5.3 Walkthrough

Leichtgewichtiges Review

Ein Walkthrough zur Überprüfung von Anforderungen ist eine leichtgewichtige Ausprägung eines Reviews. Ein Walkthrough verläuft weniger strikt als eine Inspektion, und die beteiligten Rollen sind in geringem Maße differenziert. Bei einem Walkthrough sind mindestens die Rollen »Reviewer« (vergleichbar mit dem Inspektor), »Autor« und »Protokollant« und gegebenenfalls der Moderator zu besetzen.

Diskussion der identifizierten Qualitätsmängel in einer Gruppensitzung

Ein Walkthrough von Anforderungen zielt darauf ab, in einem gemeinsamen Prozess Qualitätsmängel in den Anforderungen zu identifizieren und unter den Teilnehmern ein konsolidiertes Verständnis der Anforderungen herzustellen. Zur Vorbereitung des Walkthrough werden die zu prüfenden Anforderungen an die Teilnehmer verteilt und von diesen auf Qualitätsmängel hin untersucht. In der Walkthrough-Sitzung besprechen die Teilnehmer, angeleitet durch den Vorleser/Moderator, schrittweise die zu überprüfenden Anforderungen. Bei einem Walkthrough stellt in der Regel der jeweilige Autor den Reviewern die zu überprüfenden Anforderungen vor. Dadurch haben die Autoren die Möglichkeit, neben den eigentlichen Anforderungen noch zusätzliche Informationen an die Gruppe zu geben (z.B. alternative Anforderungen, Entscheidungen und Begründungen für Entscheidungen). Die von den Reviewern im Vorfeld oder während der Sitzung identifizierten Qualitätsmängel werden im Rahmen der Sitzung diskutiert und durch den Protokollanten festgehalten.

7.5.4 Perspektivenbasiertes Lesen

Anforderungen aus einer definierten Perspektive prüfen

Das perspektivenbasierte Lesen ist eine Technik zur Prüfung von Anforderungen, bei der die zu prüfende Anforderung unter verschiedenen Perspektiven überprüft wird [Basili et al. 1996]. Typischerweise wird das perspektivenbasierte Lesen dabei im Zusammenhang mit den anderen Reviewtechniken eingesetzt (z.B. in Inspektionen oder im Walkthrough). Der Fokus auf einer Perspektive beim Lesen eines Dokuments führt zu nachweislich verbesserten Ergebnissen bei der Prüfung von

Anforderungen. Mögliche Perspektiven für die Prüfung ergeben sich z.B. aus den unterschiedlichen Adressaten einer Anforderung [Shull et al. 2000]:

Perspektive Adressaten

- *Perspektive Kunde/Nutzer:* In der Perspektive eines Kunden bzw. eines Nutzers wird geprüft, ob die Anforderungen die gewünschte Funktionalität und Qualität beschreiben.
- *Perspektive Softwarearchitekt:* In der Perspektive eines Softwarearchitekten wird geprüft, ob in der Anforderung alle für den Architekturentwurf benötigten Informationen enthalten sind (z.B. ob alle relevanten Performance-Eigenschaften beschrieben sind).
- *Perspektive Tester:* In der Perspektive eines Testers wird geprüft, ob die Anforderungen die notwendigen Informationen enthalten, um Testfälle aus den Anforderungen abzuleiten.

Perspektive Qualitätsaspekte

Die drei Qualitätsaspekte (siehe Abschnitt 7.3) beschreiben ebenfalls mögliche Perspektiven zur Überprüfung einer Anforderung:

- *Perspektive Inhalt:* In der Perspektive »Inhalt« überprüft der Prüfer den Inhalt der Anforderungen und fokussiert somit die inhaltliche Qualität der dokumentierten Anforderungen.
- *Perspektive Dokumentation:* In der Perspektive »Dokumentation« überprüft der Prüfer die Einhaltung von Dokumentationsvorschriften für Anforderungen sowie für Anforderungsdokumente.
- *Perspektive Abgestimmtheit:* In der Perspektive »Abgestimmtheit« fokussiert der Prüfer, ob bzgl. der Anforderungen Einigung besteht, d.h., ob die Anforderungen abgestimmt und Konflikte aufgelöst wurden.

Darüber hinaus sind weitere Perspektiven denkbar und ergeben sich z.B. aus dem individuellen Kontext des Entwicklungsprojekts.

Prüfanweisungen für jede Perspektive erstellen

Bei der perspektivenbasierten Überprüfung wird jedem Prüfer (zu einem Zeitpunkt) eine Perspektive zugeordnet, aus deren Blickwinkel der Prüfer die Anforderung liest und überprüft. Für jede definierte Perspektive sollten detaillierte Anweisungen für die Durchführung der Prüfung definiert werden, da ein Prüfer nicht unbedingt mit allen relevanten Details der jeweiligen Perspektive vertraut ist. Es empfiehlt sich, Prüfanweisungen mit Fragestellungen zu versehen, die durch den Inhalt der Anforderung bzw. nach dem Lesen einer Anforderung durch den Prüfer beantwortet werden müssen. Des Weiteren können Prüfanweisungen mit einer Checkliste der wichtigsten Inhalte ergänzt werden, zu denen eine Anforderung bzgl. der betrachteten Perspektive Informationen liefern sollte.

Nachbereitung

Im Rahmen der Nachbereitung des perspektivenbasierten Lesens werden die Ergebnisse der gewählten Perspektiven ausgewertet und konsolidiert. Die Ergebnisse des perspektivenbasierten Lesens beinhalten zum einen die Beantwortung der definierten Fragen und zum anderen offene Punkte, die den Prüfern während des Lesens aufgefallen sind. Die Konsolidierung kann vergleichbar mit einem Review im Rahmen einer Gruppensitzung stattfinden.

Unterstützung anderer Techniken

Das perspektivenbasierte Lesen kann sowohl als eigenständige Technik zur Prüfung von Anforderungen eingesetzt werden als auch als Hilfstechnik für andere Prüfungstechniken, z.B. kann die Inspektion oder der Review eines Anforderungsdokuments unter Verwendung des perspektivenbasierten Lesens durchgeführt werden.

7.5.5 Prüfung durch Prototypen

Die Prüfung von Anforderungen durch Prototypen verfolgt den Ansatz, die Anforderungen für den Prüfer erlebbar und damit ausprobierbar zu machen. Das unmittelbare Erleben der Auswirkungen von Anforderungen anhand eines Prototyps ist laut [Jones 1998] die effektivste Methode zur Aufdeckung von Fehlern in Anforderungen. Stakeholder können durch das Ausprobieren eines Prototyps ihre eigene Vorstellung mit einer möglichen Umsetzung des geplanten Systems vergleichen und so Fehler bzw. Abweichungen zwischen ihren Vorstellungen und dem umgesetzten System identifizieren.

Evolutionäre vs. Wegwerfprototypen

Abhängig von der weiteren Verwendung eines Prototyps wird zwischen Wegwerfprototypen und evolutionären Prototypen unterschieden [Sommerville 2007]. Ein Wegwerfprototyp wird nach der Verwendung nicht weiter gepflegt. Ein evolutionärer Prototyp wird mit dem Ziel entwickelt, später weiterentwickelt und verbessert zu werden. Im Gegensatz zum Wegwerfprototyp besitzt die Realisierung bei evolutionären Prototypen einen größeren Stellenwert, daher geht mit der Verwendung von evolutionären Prototypen in der Regel ein wesentlich höherer Realisierungsaufwand einher.

Auswahl der Anforderungen für die Prüfung

Vor der Realisierung des Prototyps müssen diejenigen Anforderungen ausgewählt werden, die mit dem Prototyp überprüft werden sollen. Die Menge der zu prüfenden Anforderungen wird durch die Ressourcen (Zeit, Geld) beschränkt, die zur Prüfung der Anforderungen bzw. zur Realisierung des Prototyps zur Verfügung stehen. Die Auswahl der Anforderungen kann beispielsweise anhand der Kritikalität der Anforderungen erfolgen.

Für die Prüfung der Anforderungen durch einen Prototyp müssen nach Realisierung des Prototyps die folgenden Vorbereitungen getroffen werden:

Vorbereitung der Prüfung

- *Handbuch/Schulung:* Die Anwender des Prototyps müssen mit den notwendigen Informationen versorgt werden, um den Prototyp verwenden bzw. bedienen zu können. Dies kann z.B. durch ein Handbuch für den Prototyp erfolgen oder durch eine geeignete Schulung.
- *Prüfszenarien*: Für die Durchführung der Prüfung sollten Prüfszenarien vorbereitet werden, die die Prüfer unter Verwendung des Prototyps durchführen können. Ein Prüfszenario definiert z.B. relevante Datensätze oder Nutzungsabläufe.
- *Checkliste mit Prüfkriterien*: Für die Prüfung der Anforderungen sollte eine Checkliste mit Kriterien erstellt werden, anhand derer die Prüfer den Prototyp (und damit auch die Anforderungen) überprüfen können.

Durchführung der Prüfung

Im Rahmen der Prüfung sollten die Prüfer den Prototyp möglichst ohne äußere Beeinflussung benutzen, d.h., die Prüfer sollten die Prüfszenarien möglichst eigenständig ausführen. Dies stellt sicher, dass die Prüfungsergebnisse möglichst ohne Beeinflussung entstehen.

Experimentelle Erprobung

Im Rahmen der Prüfung können und sollen die Prüfer nach der Abarbeitung der Prüfszenarien auch von den vorgegebenen Szenarien abweichen und den Prototyp explorativ und experimentell ausprobieren. Auf diesem Weg können z.B. bisher unbeachtete Fehlerfälle identifiziert werden. Für die experimentelle Prüfung des Prototyps müssen die Prüfer die Grenzen des Prototyps kennen, d.h. die Menge der Anforderungen, die bei der Realisierung des Prototyps berücksichtigt wurden. Ohne die Kenntnis der realisierten Anforderungen kann ein Prüfer nicht unterscheiden, ob ein identifizierter Fehler auf eine fehlende Anforderung zurückzuführen ist oder ob die Anforderung bewusst nicht im Prototyp umgesetzt wurde.

Dokumentation der Prüfungsergebnisse

Bei der Prüfung von Anforderungen durch Prototypen unterscheiden wir zwischen folgenden Formen der Ergebnisdokumentation:

- *Protokoll des Prüfers*: Der Prüfer protokolliert seine Ergebnisse und Erfahrungen aus der Prüfung des Prototyps z.B. anhand der Prüfszenarien sowie anhand der Checkliste, die ihm zur Prüfung zur Verfügung gestellt wurden.
- *Beobachtungsprotokoll*: Der Prüfer kann durch eine zweite Person beobachtet werden. Die zweite Person fertigt ein sogenanntes Beobachtungsprotokoll an. Dieses Protokoll kann zusätzliche wichtige

Hinweise auf Anforderungsfehler enthalten, z.B. kann ein dokumentiertes Zögern des Prüfers bei der Verwendung des Prototyps darauf hinweisen, dass der Prototyp unverständlich ist. Unter gewissen Umständen kann es sich auch anbieten, die Prüfung durch eine Videoaufzeichnung zu dokumentieren, damit Prüfsituationen im Nachgang detailliert untersucht werden können. Zum Beispiel kann durch eine Videoaufzeichnung die Umsetzung von Anforderungen an die Ergonomie oder die intuitive Bedienbarkeit eines Systems genauer untersucht werden.

Auswertung

Die Ergebnisse der Prüfung werden im Anschluss an die Prüfung ausgewertet und in Änderungsvorschläge für die Anforderungen übertragen. Bei gravierenden Änderungen an den Anforderungen kann sich eine Überarbeitung des Prototyps inkl. einer erneuten Prüfung anbieten.

7.5.6 Einsatz von Checklisten in der Prüfung

Eine Checkliste setzt sich aus einer Menge von Fragen oder Aussagen zusammen, die sich auf einen spezifischen Sachverhalt beziehen. Checklisten können immer dann eingesetzt werden, wenn bei einem komplexen Sachverhalt viele Aspekte berücksichtigt werden müssen und hierbei möglichst kein Aspekt vergessen werden soll. Eine Checkliste für die Prüfung von Anforderungen beinhaltet Fragestellungen, die den Prüfern das Aufdecken von Fehlern in den Anforderungen erleichtern [Boehm 1984]. Der Einsatz von Checklisten bei der Prüfung von Anforderungen ist in der Praxis weit verbreitet. Checklisten können in allen vorgestellten Techniken zur Prüfung von Anforderungen eingesetzt werden.

Erstellung von Checklisten

Vor dem Einsatz einer Checkliste müssen die einzelnen Fragen bzw. Aussagen der Checkliste definiert werden. Die Erstellung von Checklisten zur Unterstützung der Prüfung von Anforderungen kann u.a. auf die folgenden Quellen für Fragen bzw. Aussagen zurückgreifen:

- Die drei Qualitätsaspekte (siehe Abschnitt 7.3)
- Prinzipien der Prüfung (siehe Abschnitt 7.4)
- Qualitätskriterien für Anforderungsdokumente (siehe Abschnitt 4.5)
- Qualitätskriterien für die jeweiligen Anforderungen (siehe Abschnitt 4.6)
- Erfahrung der Prüfer aus bisherigen Projekten
- Fehlerstatistiken [Chernak 1996]

Verbesserung von Checklisten

Eine Checkliste erhebt keinen Anspruch auf Vollständigkeit. Während der Verwendung einer Checkliste sollte daher stets nach Möglichkeiten gesucht werden, die Checkliste für zukünftige Verwendungen zu verbessern. Wurde z.B. eine Fragestellung vergessen, sollte diese ergänzt werden. Mehrdeutig oder unverständlich formulierte Fragestellungen sollten markiert und überarbeitet werden. Veraltete oder nicht mehr gültige Fragestellungen bzw. Aussagen sollten gelöscht werden.

Checklisten als Leitfaden

Eine Checkliste kann die Prüfung von Anforderungen auf verschiedene Weise unterstützen. Die Checkliste kann dem Prüfer als ein Leitfaden dienen. Der Prüfer kann diesem Leitfaden während der Prüfung (z.B. bei einem Review) nach eigenem Ermessen folgen.

Checklisten als Strukturierungsmittel

Die Checkliste kann für den Prüfer eine unbedingt einzuhaltende Liste von Fragestellungen definieren, die der Prüfer für die zu prüfende Anforderung beantworten muss. In diesem Fall dient die Checkliste als ein Strukturierungsmittel. Zum Beispiel kann durch eine Checkliste das Vorgehen verschiedener Prüfer vereinheitlicht werden und so eine Vergleichbarkeit der Prüfungsergebnisse erzielt werden.

Mischformen für die Anwendung von Checklisten sind ebenfalls möglich. Zum Beispiel kann eine Checkliste für das perspektivenbasierte Lesen zum Teil verbindliche Fragestellungen beinhalten und zum Teil Hinweise geben, die der Prüfer nach eigenem Ermessen anwenden kann.

Erfolgreiche Anwendung von Checklisten

Die erfolgreiche Anwendung von Checklisten hängt von der Handhabbarkeit bzw. Komplexität der Checkliste ab. Eine große Anzahl von Fragestellungen erschwert die Anwendung der Checkliste, da der Prüfer nicht alle Fragestellungen ständig präsent haben kann und daher gezwungen ist, die Checkliste häufig zu konsultieren. Es empfiehlt sich daher, dass eine Checkliste nicht mehr als eine Seite Text umfassen sollte [Gilb und Graham 1993]. Des Weiteren erschweren zu generisch formulierte Fragestellungen die Anwendung einer Checkliste. Zum Beispiel führt die Frage »Ist die Anforderung angemessen formuliert?« zu verschiedensten Antworten, abhängig davon, was der Prüfer unter einer angemessenen Formulierung versteht. Die Fragestellungen sind daher möglichst zu präzisieren.

7.6 Abstimmung von Anforderungen

Zur Abstimmung der Anforderungen an ein zu entwickelndes System ist es notwendig, Konflikte zu identifizieren und die auftretenden Konflikte aufzulösen. Dies geschieht im Rahmen eines systematischen Konfliktmanagements. Das Konfliktmanagement im Requirements Engineering umfasst die folgenden vier Aufgaben:

Vier Aufgaben des Konfliktmanagements

- Konfliktidentifikation
- Konfliktanalyse
- Konfliktauflösung
- Dokumentation der Konfliktauflösung

Diese vier Aufgaben des Konfliktmanagements werden im Folgenden erläutert.

7.6.1 Konfliktidentifikation

Konflikte können in allen Requirements-Engineering-Aktivitäten auftreten. Zum Beispiel können unterschiedliche Stakeholder im Rahmen der Ermittlung von Anforderungen sich gegenseitig ausschließende Anforderungen äußern.

Konflikterkennung in allen Requirements-Engineering-Aktivitäten

Konflikte zwischen Anforderungen (bzw. zwischen Stakeholdern) können aus unterschiedlichsten Gründen nicht offensichtlich erkennbar sein. Während des gesamten Requirements Engineering sollte der Requirements Engineer auf potenzielle Konflikte achten, damit diese frühzeitig entdeckt, analysiert und aufgelöst werden können.

7.6.2 Konfliktanalyse

Bestimmung des Konflikttyps

Im Rahmen der Konfliktanalyse wird ein identifizierter Konflikt auf seine Ursachen hin untersucht. Um im späteren Verlauf den Konflikt auflösen zu können, muss zuerst die jeweilige Ursache identifiziert werden. In Anlehnung an [Moore 2003] unterscheiden wir zwischen folgenden Konflikttypen:

Sachkonflikt

Ein *Sachkonflikt* zwischen zwei oder mehr Stakeholdern ist durch einen Mangel an Informationen, durch Fehlinformation oder durch unterschiedliche Interpretation einer Information gekennzeichnet. Als Beispiel für einen Sachkonflikt betrachten wir die Anforderung: »R131: Die Antwortzeit des geplanten Systems soll höchstens eine Sekunde betragen.« Ein Sachkonflikt zwischen zwei Stakeholdern bzgl. dieser Anforderung kann dadurch entstehen, dass ein Stakeholder die Antwortzeit von einer Sekunde für zu langsam erachtet und ein anderer Stakeholder die Antwortzeit für nicht realisierbar, d.h. für zu kurz, hält.

Interessenkonflikt

Ein *Interessenkonflikt* zwischen zwei oder mehr Stakeholdern ist durch subjektiv oder objektiv verschiedene Interessen oder Ziele der Stakeholder gekennzeichnet. Ein Interessenkonflikt zwischen zwei oder mehr Stakeholdern kann z.B. dadurch entstehen, dass ein Stakeholder primär geringe Kosten des geplanten Systems anstrebt und ein anderer Stakeholder eine hohe Qualität des geplanten Systems zum Ziel hat. Ein Interessenkonflikt zwischen diesen beiden Stakeholdern tritt dann auf, wenn der erste Stakeholder eine Anforderung aus Kostengründen ablehnt, der zweite Stakeholder die Anforderung aus Qualitätsgründen umsetzen möchte.

Wertekonflikt

Ein *Wertekonflikt* ist durch verschiedene Kriterien (z.B. kulturelle Unterschiede, persönliche Ideale) von Stakeholdern zur Bewertung von Sachverhalten gekennzeichnet. Ein Wertekonflikt besteht z.B., wenn ein Stakeholder Open-Source-Technologie favorisiert und ein anderer Stakeholder jedoch Closed-Source-Technologie bevorzugt.

Beziehungskonflikt

Ein *Beziehungskonflikt* ist durch starke Emotionen, stereotype Beziehungskonzepte, schlechte Kommunikation oder negatives zwischenmenschliches Verhalten von Stakeholdern untereinander (z.B. Missachtung, Beleidigung) gekennzeichnet. Ein Beziehungskonflikt besteht z.B. zwischen zwei gleichrangigen Stakeholdern (z.B. Abteilungsleitern), wenn beide Stakeholder gegenseitig ihre Anforderungen ablehnen, um sich jeweils durch das Einbringen ihrer Anforderungen im Projekt zu profilieren.

Strukturkonflikt

Ein *Strukturkonflikt* ist durch ungleiche Macht- und Autoritätsverhältnisse zwischen Stakeholdern gekennzeichnet. Ein Strukturkonflikt besteht z.B. zwischen einem Mitarbeiter und seinem Vorgesetzten, wenn der Vorgesetzte prinzipiell Anforderungen ablehnt, die sein Mitarbeiter definiert, da er ihm die Kompetenz zur Definition von Anforderungen abspricht.

Vermischte Konfliktursachen

Aufgetretene Konflikte können häufig nicht eindeutig einem der oben vorgestellten Konflikttypen zugeordnet werden. So kann z.B. ein aufgetretener Konflikt sowohl einen Beziehungs- als auch einen Strukturanteil haben. Ebenso kann beispielsweise ein Interessenkonflikt gleichzeitig auch einen Wertekonflikt beinhalten. Es empfiehlt sich daher, einen identifizierten Konflikt auf alle genannten Konflikttypen hin zu untersuchen, um alle möglichen Ursachen eines Konflikts zu erkennen und somit geeignete Auflösungsstrategien auswählen zu können.

7.6.3 Konfliktauflösung

Gute Konfliktauflösung ist ein Erfolgsfaktor

Der Konfliktauflösung kommt im Rahmen der Einigung über Anforderungen eine große Bedeutung zu, da die Art und Weise der Konfliktauflösung großen Einfluss auf die weitere Kooperationsbereitschaft der beteiligten Konfliktparteien (z.B. Kunden, Berater oder Entwickler) haben kann. Zum Beispiel kann eine Konfliktlösung, die von einer Konfliktpartei als unfair empfunden wird, dazu führen, dass die Kooperationsbereitschaft und das Engagement dieser Konfliktpartei für das geplante System sinken. Ebenso kann eine als fair empfundene Konfliktlösung die Kooperationsbereitschaft verbessern, da den Konfliktparteien durch eine faire Konfliktlösung signalisiert wird, dass ihre jeweiligen Vorstellungen in Bezug auf das geplante System Berücksichtigung finden.

Einbeziehung aller relevanten Stakeholder

Unabhängig von der gewählten Konfliktlösungstechnik ist die Einbeziehung aller am Konflikt beteiligten Stakeholder essenziell. Werden nicht alle relevanten Stakeholder einbezogen, so bleiben deren Meinungen und Standpunkte bei der Auflösung unbeachtet. Der Konflikt wird daher nur teilweise und somit unvollständig aufgelöst. Im Folgenden stellen wir verschiedene Konfliktlösungstechniken vor.

Einigung

Bei der Konfliktlösungstechnik *Einigung* handeln die Konfliktparteien eine Lösung des Konflikts aus. Die Konfliktparteien tauschen Informationen, Argumente und Meinungen aus und versuchen sich gegenseitig im Dialog von der Richtigkeit des eigenen Standpunkts zu überzeugen und sich so auf eine Lösungsalternative des Konflikts zu einigen.

Kompromiss

Bei der Konfliktlösungstechnik *Kompromiss* versuchen die Konfliktparteien im Rahmen einer Diskussion einen Kompromiss zwischen den verfügbaren Lösungsalternativen zu finden. Im Unterschied zur Einigung besteht ein Kompromiss aus einer Kombination von Teilen der verfügbaren Lösungsalternativen. Ebenso kann ein Kompromiss auch darin bestehen, dass alle Lösungsalternativen verworfen werden und eine vollkommen neue und kreative Lösung des Konflikts entwickelt wird.

Abstimmung

Bei der Konfliktlösungstechnik *Abstimmung* wird die Lösung eines Konflikts durch eine Abstimmung erzielt. Die zur Wahl stehenden Alternativen werden den relevanten Stakeholdern zur Abstimmung vorgelegt. Jeder Stakeholder gibt seine Stimme einer Alternative. Die Alternative mit den meisten Stimmen wird als Konfliktlösung festgehalten.

Variantenbildung

Bei der Konfliktlösungstechnik *Variantenbildung* wird das System so gestaltet, dass durch Variantenauswahl oder Parametrierung verschiedene Systemvarianten realisiert oder Auswahlmöglichkeiten bei variablen Systemmerkmalen ermöglicht werden, wodurch das System unterschiedlichen, im Konflikt stehenden Interessen von Stakeholdern genügen kann.

Ober-sticht-Unter

Bei der Konfliktlösungstechnik *Ober-sticht-Unter* wird ein Konflikt anhand der Hierarchie der Konfliktparteien entschieden, d.h., die Konfliktpartei mit dem höheren organisatorischen Rang gewinnt den Konflikt. Wenn beide Konfliktparteien den gleichen organisatorischen Rang einnehmen, wird der Konflikt durch eine übergeordnete Instanz (z.B. einen Vorgesetzten) entschieden. Diese Konfliktlösungstechnik ist nur dann empfehlenswert, wenn andere Lösungstechniken zu keiner Lösung geführt haben (z.B. kein Kompromiss gefunden werden konnte) oder aus Ressourcengründen nicht anwendbar sind.

Consider-all-Facts

Bei der Konfliktlösungstechnik *Consider-all-Facts (CAF)* werden möglichst alle Einflussfaktoren eines Konflikts untersucht, um so viel Informationen wie möglich über den Konflikt zu sammeln und in die Konfliktlösung einzubeziehen. Durch eine Priorisierung der identifizierten Einflussfaktoren wird die Relevanz der Einflussfaktoren bestimmt. Basierend auf den Ergebnissen der Konfliktlösungstechnik Consider-all-Facts (CAF) kann die Plus-Minus-Interesting-Konfliktlösungstechnik angewendet werden.

Plus-Minus-Interesting

Bei der Konfliktlösungstechnik *Plus-Minus-Interesting (PMI)* werden alle positiven und negativen Folgen der zur Wahl stehenden Lösungsalternativen untersucht, um positive und negative Auswirkungen der Lösungsalternativen besser beurteilen zu können. Auswirkungen, die als positiv angesehen werden, werden in die Kategorie Plus eingeordnet. Negative Auswirkungen werden der Kategorie Minus zugeordnet. Auswirkungen, die weder als positiv noch als negativ bewertet werden können, werden in die Kategorie Interesting aufgenommen. Die Einordnung von Auswirkungen in die Kategorie Interesting zeigt an, dass die Bedeutung dieser Auswirkungen noch nicht bewertbar ist und ggf. noch weiter untersucht bzw. diskutiert werden muss.

Entscheidungsmatrix

Bei der Konfliktlösungstechnik *Entscheidungsmatrix* wird eine Tabelle erstellt. In den Spalten der Tabelle werden alle Lösungsalternativen eines Konflikts eingetragen. Die Zeilen der Tabelle enthalten alle relevanten Entscheidungskriterien. Die Entscheidungskriterien können beispielsweise durch die Technik *Consider-all-Facts* identifiziert werden. Für jede Kombination aus Kriterium und Lösungsalternative wird eine Bewertung abgegeben, z.B. durch eine Punktebewertung von irrelevant (0 Punkte) bis sehr relevant (10 Punkte). Tab. 7-1 zeigt eine Entscheidungsmatrix.

	Lösungsalternative 1	Lösungsalternative 2	Lösungsalternative 3
Kriterium 1	3 6		2
Kriterium 2	5 4		10
Kriterium 3	10 3		5
Summe	**18**	**13**	**17**

Tab. 7-1 Entscheidungsmatrix

Zur Entscheidungsfindung werden die Spaltensummen der Bewertung gebildet, d.h., die Bewertung der Kriterien einer Lösungsalternative wird aufsummiert. Die Lösungsalternative mit den meisten Punkten wird als Entscheidung festgehalten. Für das Beispiel aus Tab. 7-1 ist dies die Lösungsalternative 1.

7.6.4 Dokumentation der Konfliktlösung

Risiken einer fehlenden Konfliktdokumentation

Konflikte sind im Rahmen des Requirements Engineering unvermeidbar. Die Auflösung eines Konflikts sollte auf jeden Fall nachvollziehbar dokumentiert werden. Werden ein Konflikt und seine Auflösung nicht geeignet dokumentiert, entstehen u.a. die folgenden Gefahren für das Projekt:

- *Wiederholte Behandlung von Konflikten:* Ein Konflikt kann im Verlauf des Requirements-Engineering-Prozesses erneut entstehen. Ohne eine geeignete Dokumentation einer bereits erfolgten Auflösung des Konflikts, muss der Konflikt von Neuem analysiert und aufgelöst werden. Dies erzeugt zusätzlichen Aufwand und kann unter Umständen zu neuen Konflikten führen bzw. bisherige Konfliktauflösungen aufheben.
- *Überprüfung von Konfliktauflösungen*: Die Auflösung eines Konflikts kann sich im Verlauf des Requirements-Engineering-Prozesses als falsch beziehungsweise als nicht geeignet herausstellen. In diesem Fall ist der Konflikt erneut zu untersuchen und aufzulösen. Ohne eine geeignete Dokumentation können relevante Informationen, die bei der Analyse und Auflösung des Konflikts in der Vergangenheit berücksichtigt wurden, übersehen werden, und somit kann die Konfliktauflösung zu fehlerhaften Ergebnissen führen.

In beiden Fällen unterstützt eine geeignete Dokumentation des Konflikts und seiner Auflösung den Requirements-Engineering-Prozess und gewährleistet, dass bereits bekannte relevante Informationen berücksichtigt werden können.

7.7 Zusammenfassung

Die ermittelten und dokumentierten Anforderungen müssen im Rahmen des Requirements Engineering qualitätsgesichert werden, um zu gewährleisten, dass die Anforderungen die Wünsche und Vorstellungen der Stakeholder adäquat abbilden. Dazu ist es notwendig, die Anforderungen hinsichtlich ihrer Qualitäten in Bezug auf deren Inhalt, deren Dokumentation und deren Abgestimmtheit unter den Stakeholdern zu überprüfen. Zur Überprüfung der Anforderungen existieren verschiedene Techniken, die abhängig von den aktuellen Projektgegebenheiten und Zielsetzungen ausgewählt und zweckmäßig kombiniert werden sollten. Zu den verbreiteten Prüfungstechniken für Anforderungen gehören dabei die verschiedenen Ausprägungsformen des Reviews von Anforderungen (z.B. Stellungnahme, Inspektion, Walkthrough) sowie das perspektivenbasierte Lesen und der Einsatz von Prototypen und Checklisten.

Zur Abstimmung von Anforderungen an ein zu entwickelndes System ist es notwendig, Konflikte zwischen Stakeholdern zu identifizieren, zu analysieren und geeignet aufzulösen. Ein systematisches Konfliktmanagement unterstützt die Analyse und Auflösung der im Rahmen der Prüfung von Anforderungen oder in anderen Requirements-Engineering-Aktivitäten identifizierten Konflikten.

8 Anforderungen verwalten

Die Verwaltung von Anforderungen im Requirements Engineering umfasst die zweckmäßige Attributierung der Anforderungen, die Definition von Sichten auf die Anforderungen, die Priorisierung von Anforderungen, die Verfolgbarkeit von Anforderungen sowie die Versionierung von Anforderungen und die Verwaltung von Anforderungsänderungen. Gegenstand der Verwaltung von Anforderungen im Requirements Engineering sind einzelne Anforderungen bis hin zu vollständigen Anforderungsdokumenten.

8.1 Attributierung von Anforderungen

Über den gesamten Lebenszyklus eines Systems hinweg müssen Informationen über Anforderungen festgehalten werden. Hierzu gehören beispielsweise der eindeutige Identifikator der Anforderung, der Name der Anforderung, Autor und Quelle der Anforderung sowie der Verantwortliche für die Anforderung.

8.1.1 Attributierung von natürlichsprachigen Anforderungen und Anforderungsmodellen

Zur Dokumentation der Informationen über die Anforderungen hat es sich bewährt, die verschiedenen Informationen strukturiert als Attribute der Anforderung zu erfassen. Attribute einer Anforderung werden durch einen eindeutigen Namen, eine kurze Beschreibung der Bedeutung des Anforderungsattributs sowie durch die Angabe der möglichen Werte definiert, mit denen das Attribut belegt sein kann.

Schablonenbasierte Attributierung von Anforderungen

Die Definition der Anforderungsattribute geschieht in der einfachsten Form durch Festlegung einer tabellarischen Struktur (Schablone). Die Schablone definiert die zu dokumentierenden relevanten Informationen für die Anforderungen. Diese Information, d.h. die definierten Attribute (Attributtypen), können sich je nach Anforderungsart unterscheiden. Beispielsweise kann sich die Schablone für funktionale Anforderungen in den definierten Attribut(typ)en und/oder erlaubten Attributwerten von der Schablone für Qualitätsanforderungen unterscheiden.

8.1.2 Attributierungsschema

Die Menge aller definierten Attribute für eine Klasse von Anforderungen (z.B. funktionale Anforderungen, Qualitätsanforderungen) wird als das Attributierungsschema bezeichnet. Attributierungsschemata werden normalerweise für ein Projekt gemäß den Bedürfnissen angepasst (siehe unten).

Belegung der Attribute einer Anforderung

Im Projektverlauf werden die Attribute der Anforderungen mit jeweils zutreffenden Attributwerten belegt. Abb. 8-1 zeigt beispielhaft die Attributbelegung einer Anforderung mit den Attributen Identifikator, Name, Kurzbeschreibung sowie Attributen, mit denen die Stabilität, der Verantwortliche sowie die Quelle und der Autor der Anforderung dokumentiert werden.

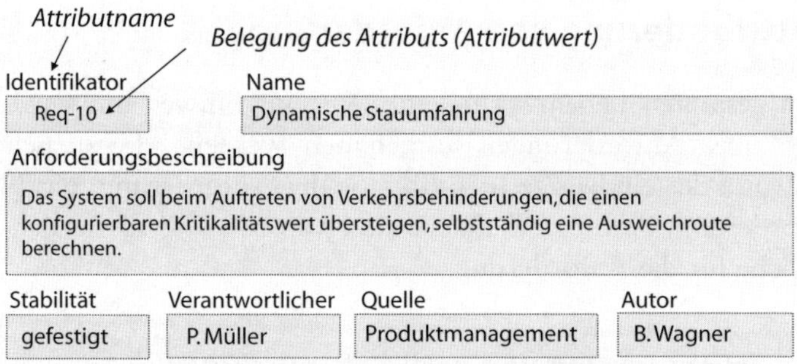

Abb. 8-1 Beispiel für eine Anforderungsattributbelegung

Die in Abb. 8-1 auf Basis einer einfachen Schablone strukturiert dokumentierte Anforderung trägt als Identifikator das Kürzel »Req-10«, den Namen »Dynamische Stauumfahrung«, eine Kurzbeschreibung, die den Gegenstand dieser Anforderung genauer dokumentiert. Die Stabilität dieser Anforderung wird als »gefestigt« eingestuft, »P. Müller« ist der Verantwortliche für diese Anforderung, die Quelle dieser Anforderung ist das »Produktmanagement«, und »B. Wagner« ist der Autor der Anforderung.

Für den Leser der Anforderungen (z.B. Auftraggeber, Produktmanager, Entwickler, Projektmanager) bietet die schablonenbasierte Dokumentation den wesentlichen Vorteil, dass gleichartige Informationen immer am gleichen Ort dokumentiert werden, z.B. die Stabilität im Schablonenabschnitt »Stabilität«. Speziell für den Requirements Engineer bietet die schablonenbasierte Anforderungsattributierung darüber hinaus den Vorteil, dass er wichtige zu dokumentierende Informationen nur schwer übersehen kann und dass diese Informationen, unterstützt durch die Schablonenstruktur und die vorgegebenen Attributwertbereiche, in der Regel auch zweckmäßig und richtig dokumentiert werden.

8.1.3 Attributtypen für Anforderungen

Häufig verwendete Attributtypen

Die verschiedenen Standards im Requirements Engineering und einschlägige Werkzeuge zur Dokumentation und Verwaltung von Anforderungen bieten häufig eine Reihe vordefinierter Attribute. Tab. 8-1 listet Attributtypen auf, die in der Praxis häufig im Zusammenhang mit der Verwaltung von Anforderungen verwendet werden.

Attributtyp	Bedeutung
Identifikator	Kurze, eindeutige Identifikation eines Anforderungsartefakts in der Menge der betrachteten Anforderungen.
Name	Eindeutiger, charakterisierender Name.
Beschreibung	Beschreibt in komprimierter Form den Inhalt der Anforderung.
Version	Aktueller Versionsstand der Anforderung.
Autor	Benennt den/die Autor(in) der Anforderung.
Quelle	Benennt die Quelle bzw. Quellen der Anforderung.
Begründung	Beschreibt, weshalb diese Anforderung für das geplante System von Bedeutung ist.
Stabilität	Benennt die voraussichtliche Stabilität der Anforderung. Stabilität ist dabei der Umfang, in dem künftig noch Veränderungen bzgl. dieser Anforderung erwartet werden. Mögliche Unterscheidung: »fest«, »gefestigt«, »volatil«.
Kritikalität	Im Sinne einer Abschätzung der Schadenshöhe und Eintrittswahrscheinlichkeit.
Priorität	Benennt die Priorität der Anforderung hinsichtlich der gewählten Merkmale zur Priorisierung, z.B. »Bedeutung für die Akzeptanz am Markt«, »Reihenfolge der Umsetzung«, »Schaden bzw. Opportunitätskosten durch Nichtrealisierung«.

Tab. 8-1 Häufig verwendete Attributtypen

Weitere Attributtypen für Anforderungen

Neben den in Tab. 8-1 angegebenen Anforderungsattributen existieren zahlreiche weitere Attributtypen zur Dokumentation von wichtigen Informationen einer Anforderung. So kann, wie in Abschnitt 5.2 angedeutet, z.B. die rechtliche Verbindlichkeit einer Anforderung durch ein entsprechendes Attribut festgehalten werden. Dies hat u.a. den Vorteil, dass bei einer Änderung der rechtlichen Verbindlichkeit einer Anforderung lediglich der Attributwert der Anforderung angepasst werden muss. Tab. 8-2 zeigt eine Auswahl weiterer Attributtypen für Anforderungen.

Attributtyp	Bedeutung
Verantwortliche(r)	Benennt die Person, Stakeholdergruppe bzw. Organisation(seinheit), die für diese Anforderung inhaltlich verantwortlich ist.
Anforderungstyp	Benennt abhängig vom eingesetzten Differenzierungsschema den Typ der Anforderung (z.B. »funktionale Anforderung«, »Qualitätsanforderung« oder »Randbedingung«).
Status bzgl. des Inhalts	Benennt den aktuellen Status des Inhalts der Anforderung, z.B. »Idee«, »Konzept«, »detaillierter Inhalt«.
Status bzgl. der Überprüfung	Benennt den aktuellen Status der Validierung, z.B. »ungeprüft«, »in Prüfung«, »überprüft«, »fehlerhaft«, »in Korrektur«.
Status bzgl. der Einigung	Benennt den aktuellen Status der Abstimmung, z.B. »nicht abgestimmt«, »abgestimmt«, »konfliktär«.
Aufwand	Prognostizierter / tatsächlicher Umsetzungsaufwand dieser Anforderung.
Release	Nummer des Releases, in dem die Anforderung umgesetzt werden soll.
Juristische Verbindlichkeit	Gibt den Grad der juristischen Verbindlichkeit der Anforderung an.
Querbezüge	Benennt die Beziehungen zu anderen Anforderungen. Zum Beispiel wenn bekannt ist, dass die Realisierung dieser Anforderung die vorherige Realisierung einer anderen Anforderung voraussetzt.
Allgemeine Informationen	In diesem Attribut können beliebige, für relevant erachtete Informationen zu dieser Anforderung dokumentiert werden. Zum Beispiel wenn die Abstimmung dieser Anforderung auf dem nächsten Treffen mit dem Auftraggeber vorgesehen ist.

Tab. 8-2 Weitere Typen von Anforderungsattributen

Projektspezifische Anpassung der Attributierungsschemata

Die vorgeschlagenen Attributtypen bilden die Basis zur Definition der Attributierungsschemata in einem Entwicklungsprojekt. Bei der Definition der Attributierungsschemata werden u.a. folgende spezifische Aspekte berücksichtigt:

- Spezifische Merkmale des Projekts, z.B. Projektgröße, lokale bzw. verteilte Entwicklung oder Projektrisiko
- Vorgaben seitens des Unternehmens, z.B. Unternehmensstandards und -vorschriften
- Eigenschaften und Vorschriften des Anwendungsgebiets, z.B. Referenzmodelle, Modellierungsvorschriften, Standards
- Randbedingungen und Restriktionen des Entwicklungsprozesses, z.B. Haftungsrecht und Prozessstandards

Definition der Attributierung durch Informationsmodelle

Im Zusammenhang mit dem Einsatz von Werkzeugen zur Verwaltung von Anforderungen wird die Definition der Attributstruktur in vielen Fällen nicht tabellarisch vorgenommen, sondern modellbasiert in Form von Informationsmodellen. Eine modellbasierte Definition eines Attributierungsschemas legt wie bei der schablonenbasierten Definition die zu verwendenden Attributtypen sowie Einschränkungen der Attributwerte fest. Zudem werden bei der modellbasierten Definition der Attributierungsschemata oft auch die Beziehungen zwischen den Attributtypen verschiedener Attributierungsschemata festgelegt.

Vorteile der modellbasierten Attributierung

Neben den Vorteilen der tabellarischen Definition ermöglicht die modellbasierte Attributierung von Anforderungen zusätzlich, beim selektiven Zugriff auf Anforderungen Abhängigkeiten zwischen Attributen zu berücksichtigen und damit die Konsistenz der Attributierung in der Anforderungsbasis zu gewährleisten. Darüber hinaus kann das Informationsmodell der modellbasierten Attributierung als Grundlage für die Definition der Attributstruktur für ein Requirements-Management-Werkzeug verwendet werden (vgl. Abschnitt 9.3). Auf Basis des Informationsmodells können zudem Schablonen zur Attributierung von Anforderungen erzeugt werden.

8.2 Sichten auf Anforderungen

Die Strukturierung der Anforderung durch Informationsmodelle ermöglicht die Generierung von spezifischen Sichten auf die Anforderungen. In der Praxis zeigt sich, dass die Anzahl der Anforderungen in Projekten und die Zahl der Abhängigkeiten zwischen diesen Anforderungen immer mehr zunehmen. Um die Komplexität der Anforderungsbasis für die einzelnen Projektmitarbeiter beherrschbar zu halten, ist daher der selektive Zugriff und somit das Filtern von Anforderungen in Abhängigkeit von der Verwendung unerlässlich.

Rollenspezifische Sichtendefinition

Sichten auf die Anforderungen werden in der Praxis oft für spezifische Rollen im Entwicklungsprozess definiert. Beispiele hierfür sind Sichten für den Architekt, den Programmierer, den Projektmanager, den Tester. Hierbei ist es durchaus üblich, mehrere Sichten für eine Rolle zu definieren und somit die einer Rolle zugeordneten Teilaktivitäten zu unterstützen. Eine Sicht kann zudem für mehrere Rollen verwendet werden.

8.2.1 Selektive Sichten auf die Anforderungsbasis

Eine Sicht beinhaltet einen Teil der verfügbaren Anforderungsinformationen. Eine Sicht kann hierbei:

- bestimmte Anforderungen selektieren, d.h., nicht alle Anforderungen der Anforderungsbasis sind in der Sicht enthalten;
- bestimmte Attribute von Anforderungen ausblenden, d.h., nicht alle Attribute einer Anforderung sind in der Sicht enthalten;
- die beiden genannten Selektionsprinzipien beliebig kombinieren, d.h., sowohl nicht alle Anforderung als auch nicht alle Attribute der Anforderungen sind in der Sicht enthalten.

Bildung selektiver Sichten

Abb. 8-2 illustriert die Bildung von drei Sichten, die in Form einer Tabelle über die Attributstruktur der Anforderungsbasis definiert sind. Die Bildung der Sichten erfolgt in allen drei Fällen über ausgewählte Attributtypen sowie über die Festlegung von anzuzeigenden Anforderungsattributen. Die Definition der ersten Sicht (❶) legt z.B. fest, dass nur diejenigen Anforderungen selektiert werden, die in der Verantwortung von »P. Wagner« liegen und deren Stabilität den Wert »gefestigt« besitzt. Von den so selektierten Anforderungen werden in der Sicht nur die Attributwerte für »Identifikator«, »Name«, »Kurzbeschreibung« und »Autor« berücksichtigt.

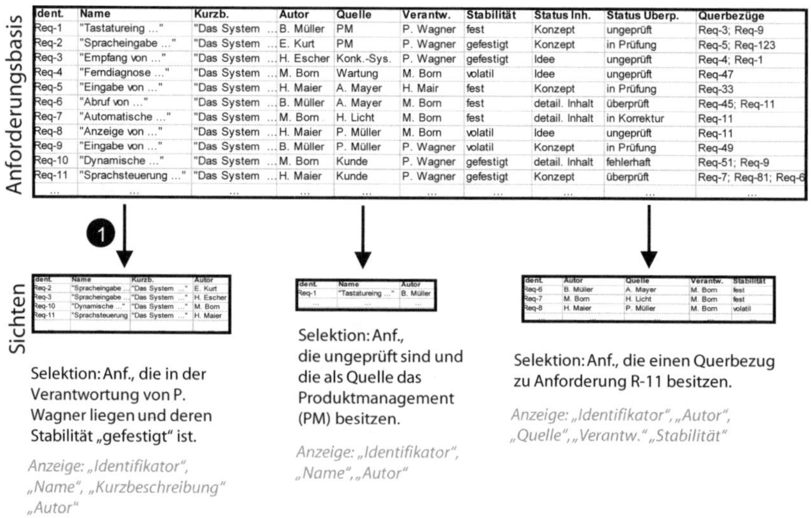

Ident.	Name	Kurzb.	Autor	Quelle	Verantw.	Stabilität	Status Inh.	Status Überp.	Querbezüge
Req-1	"Tastatureing ..."	"Das System ...	B. Müller	PM	P. Wagner	fest	Konzept	ungeprüft	Req-3; Req-9
Req-2	"Spracheingabe ..."	"Das System ...	E. Kurt	PM	P. Wagner	gefestigt	Konzept	in Prüfung	Req-5; Req-123
Req-3	"Empfang von ..."	"Das System ...	H. Escher	Konk.-Sys.	P. Wagner	gefestigt	Idee	ungeprüft	Req-4; Req-1
Req-4	"Ferndiagnose ..."	"Das System ...	M. Born	Wartung	M. Born	volatil	Idee	ungeprüft	Req-47
Req-5	"Eingabe von ..."	"Das System ...	H. Maier	A. Mayer	H. Mair	fest	Konzept	in Prüfung	Req-33
Req-6	"Abruf von ..."	"Das System ...	B. Müller	A. Mayer	M. Born	fest	detail. Inhalt	überprüft	Req-45; Req-11
Req-7	"Automatische ..."	"Das System ...	M. Born	H. Licht	M. Born	fest	detail. Inhalt	in Korrektur	Req-11
Req-8	"Anzeige von ..."	"Das System ...	H. Maier	P. Müller	M. Born	volatil	Idee	ungeprüft	Req-11
Req-9	"Eingabe von ..."	"Das System ...	B. Müller	P. Müller	P. Wagner	volatil	Konzept	in Prüfung	Req-49
Req-10	"Dynamische ..."	"Das System ...	M. Born	Kunde	P. Wagner	gefestigt	detail. Inhalt	fehlerhaft	Req-51; Req-9
Req-11	"Sprachsteuerung ..."	"Das System ...	H. Maier	Kunde	P. Wagner	gefestigt	Konzept	überprüft	Req-7; Req-81; Req-6
...	...	...	...	...	...	...	...	...	...

Ident.	Name	Kurzb.	Autor
Req-2	"Spracheingabe ...	"Das System ..."	E. Kurt
Req-3	"Spracheingabe ...	"Das System ..."	H. Escher
Req-10	"Dynamische ..."	"Das System ..."	M. Born
Req-11	"Sprachsteuerung	"Das System ..."	H. Maier
...	...	...	...

Ident.	Name	Autor
Req-1	"Tastatureing ..."	B. Müller
...	...	...

Ident.	Autor	Quelle	Verantw.	Stabilität
Req-6	B. Müller	A. Mayer	M. Born	fest
Req-7	M. Born	H. Licht	M. Born	fest
Req-8	H. Maier	P. Müller	M. Born	volatil
...	...	...	...	...

Abb. 8-2 Selektive Sichten auf eine Anforderungsbasis

8.2.2 Verdichtende Sichten auf die Anforderungsbasis

Verdichtende Sichtenbildung

Neben der Selektion existierender Informationen aus einer Anforderungsbasis können in Sichten generierte bzw. verdichtete Daten enthalten sein, die nicht unmittelbar in der Anforderungsbasis vorhanden sind. Enthält eine Sicht lediglich generierte oder verdichtete Daten, so sprechen wir von einer verdichtenden Sicht.

Die Definition einer verdichtenden Sicht erfolgt über eine Aggregation von in der Anforderungsbasis enthaltenen Daten. Eine verdichtende Sicht kann beispielsweise das prozentuale Verhältnis der Quellen der in der Anforderungsbasis enthaltenen Anforderungen angeben.

Kombination von Selektion und Verdichtung

Eine Sicht auf eine Anforderungsbasis kann sowohl aus generierten bzw. verdichteten Daten als auch aus selektierten Daten bestehen, d.h., selektive und verdichtende Sichten können kombiniert werden.

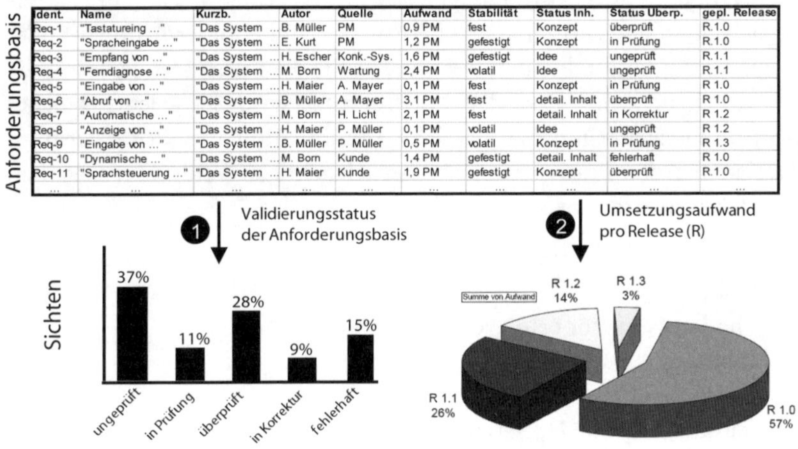

Ident.	Name	Kurzb.	Autor	Quelle	Aufwand	Stabilität	Status Inh.	Status Überp.	gepl. Release
Req-1	"Tastatureing ..."	"Das System ...	B. Müller	PM	0,9 PM	fest	Konzept	überprüft	R.1.0
Req-2	"Spracheingabe ..."	"Das System ...	E. Kurt	PM	1,2 PM	gefestigt	Konzept	in Prüfung	R.1.0
Req-3	"Empfang von ..."	"Das System ...	H. Escher	Konk.-Sys.	1,6 PM	gefestigt	Idee	ungeprüft	R.1.1
Req-4	"Ferndiagnose ..."	"Das System ...	M. Born	Wartung	2,4 PM	volatil	Idee	ungeprüft	R.1.1
Req-5	"Eingabe von ..."	"Das System ...	H. Maier	A. Mayer	0,1 PM	fest	Konzept	in Prüfung	R 1.0
Req-6	"Abruf von ..."	"Das System ...	B. Müller	A. Mayer	3,1 PM	fest	detail. Inhalt	überprüft	R 1.0
Req-7	"Automatische ..."	"Das System ...	M. Born	H. Licht	2,1 PM	fest	detail. Inhalt	in Korrektur	R 1.2
Req-8	"Anzeige von ..."	"Das System ...	H. Maier	P. Müller	0,1 PM	volatil	Idee	ungeprüft	R 1.2
Req-9	"Eingabe von ..."	"Das System ...	B. Müller	P. Müller	0,5 PM	volatil	Konzept	in Prüfung	R 1.3
Req-10	"Dynamische ..."	"Das System ...	M. Born	Kunde	1,4 PM	gefestigt	detail. Inhalt	fehlerhaft	R 1.0
Req-11	"Sprachsteuerung ..."	"Das System ...	H. Maier	Kunde	1,9 PM	gefestigt	Konzept	überprüft	R.1.0
...	...	...	...	...	...	...	...	...	...

Abb. 8-3 Aus einer Anforderungsbasis generierte verdichtende Sichten

Abb. 8-3 zeigt zwei verdichtende Sichten auf eine Anforderungsbasis. Die Sicht ❶ »Validierungsstatus der Anforderungsbasis« gruppiert die Anforderungen nach dem aktuellen Status der Überprüfung und errechnet das prozentuale Verhältnis der Anforderungen bzgl. des Status »ungeprüft«, »in Prüfung«, »überprüft«, »in Korrektur« und »fehlerhaft«. Das Ergebnis wird im gezeigten Beispiel in Form eines Säulendiagramms dargestellt. Innerhalb der Sicht ❷ »Umsetzungsaufwand pro Release« wird der prognostizierte bzw. tatsächliche Umsetzungsaufwand der Anforderungen eines Releases dargestellt. Zur Berechnung dieser aggregierten Daten werden die Anforderungen der Anforderungsbasis nach den zugeordneten Releases gruppiert und anschließend deren Aufwand zum Gesamtaufwand für das jeweilige Release addiert. Das Ergebnis ist in Form eines »Kuchendiagramms« dargestellt.

8.3 Priorisierung von Anforderungen

Im Requirements Engineering werden Anforderungen in den verschiedenen Teilaktivitäten und unter verschiedenen Gesichtspunkten priorisiert. Anforderungen werden beispielsweise bzgl. ihrer Reihenfolge bei der Realisierung priorisiert. Aufgrund der unterschiedlichen Priorisierungen wird die Priorität einer Anforderung durch einen oder mehrere Attributtypen festgelegt (z.B. Priorität des Auftraggebers, Priorität hinsichtlich der Dringlichkeit der Umsetzung).

8.3.1 Vorgehen zur Priorisierung von Anforderungen

Bestimmung von Ziel und Randbedingungen

Zur Priorisierung einer Menge von Anforderungen wird im ersten Schritt das Ziel (d.h. der Gegenstand) der Priorisierung definiert. Zudem werden die Randbedingungen der Priorisierung dokumentiert, wie beispielsweise die Verfügbarkeit bestimmter Stakeholder(gruppen) oder die zur Verfügung stehenden Ressourcen für die Priorisierung.

Bestimmung der Priorisierungskriterien

Ausgehend vom Ziel der Priorisierung wird festgelegt, welches Priorisierungskriterium bzw. welche Kombination von Priorisierungskriterien bei der Priorisierung zu berücksichtigen sind. Typische Beispiele für Priorisierungskriterien sind:

- Kosten für die Umsetzung
- Risiko
- Schaden bei nicht erfolgreicher Umsetzung
- Volatilität
- Wichtigkeit
- Zeitdauer für die Umsetzung

Bestimmung der Stakeholder

Abhängig vom Ziel der Priorisierung und von den ausgewählten Priorisierungskriterien ist es in der Regel notwendig, unterschiedliche Stakeholder in den Priorisierungsprozess einzubeziehen. Durch geeignete Stakeholderauswahl ist sicherzustellen, dass erforderliches Expertenwissen bei der Priorisierung zur Verfügung steht. Stakeholder, die in den Priorisierungsprozess einbezogen werden sollten, sind in Abhängigkeit von Ziel und Priorisierungskriterien z.B. Vertreter des Entwicklungsteams, Vertreter des Projektmanagements, Vertreter des Kunden und Vertreter der Nutzer.

Auswahl der Artefakte

Zudem müssen die zu priorisierenden Anforderungen ausgewählt werden. Bei der Selektion der Anforderungen ist darauf zu achten, dass die ausgewählten Anforderungen aus der gleichen, zumindest aber aus ähnlichen Detaillierungsebenen stammen. Die gleichzeitige Priorisierung von Anforderungen sehr unterschiedlicher Detaillierungsebenen führt häufig zu inkonsistenten und fehlerhaften Ergebnissen, da Anforderungen auf höherem Abstraktionsniveau von Stakeholdern sehr oft höher priorisiert werden als speziellere bzw. konkretere Anforderungen.

Auswahl von Priorisierungstechniken

Auf Basis der festgelegten Eigenschaften der Priorisierung (z.B. Randbedingungen, Priorisierungskriterien etc). wird eine geeignete Priorisierungstechnik bzw. eine geeignete Kombination von Priorisierungstechniken gewählt.

8.3.2 Techniken zur Priorisierung von Anforderungen

Zur Priorisierung von Anforderungen existieren mehrere Techniken. Die Techniken unterscheiden sich im Wesentlichen durch den zur Priorisierung benötigten Aufwand sowie in ihrer Eignung bzgl. der verschiedenen Priorisierungskriterien und Projektmerkmale.

Ad-hoc- und analytische Techniken

Das Spektrum der Priorisierungstechniken reicht von der einfachen Ein-Kriteriums-Klassifikation bis hin zu aufwendigen analytischen Priorisierungsverfahren, wie z.B. AHP (Analytical Hierarchy Processing) [Saaty 1980], Kosten-Wert-Analyse [Karlsson und Ryan 1997] oder QFD (Quality Function Deployment) [Akao 1990].

In vielen Projekten sind einfache Ad-hoc-Priorisierungstechniken wie z.B. Ranking oder Klassifikation von Anforderungen gut geeignet. Speziell unter Ressourcenaspekten ist der Einsatz von Ad-hoc-Priorisierungstechniken oft empfehlenswert.

Wird die Entscheidungsfindung mittels eines Ad-hoc-Ansatzes als zu wenig nachvollziehbar empfunden oder ist das Ergebnis zu stark fehlerbehaftet, sollten (zusätzlich) analytische Verfahren zur Priorisierung eingesetzt werden. In der Praxis werden zur Priorisierung von Anforderungen häufig mehrere Priorisierungstechniken in Kombination verwendet [Lehtola und Kauppinen 2006].

Ranking und Top-Ten-Technik

Zwei bewährte einfache Techniken zur Priorisierung von Anforderungen sind z.B. [Lauesen 2002]:

- *Ranking:* Beim Ranking wird von ausgewählten Stakeholdern im Hinblick auf ein bestimmtes Kriterium eine Rangfolge der zu priorisierenden Anforderungen festgelegt.
- *Top-Ten-Technik:* Bei der Priorisierung mittels der Top-Ten-Technik werden für eine vorher festgelegte Anzahl n im Hinblick auf das betrachtete Kriterium die n wichtigsten Anforderungen ausgewählt. Für diese Anforderungen wird anschließend eine

Rangfolge festgelegt, die die Bedeutung der jeweiligen Anforderung hinsichtlich der gewählten Kriterien widerspiegelt.

Ein-Kriteriums-Klassifikation

Eine in der Praxis häufig verwendete Priorisierungstechnik basiert auf einer Klassifizierung von Anforderungen im Hinblick auf die Wichtigkeit der Realisierung dieser Anforderungen für den Erfolg des Systems. Diese Form der Priorisierung basiert auf der Zuordnung jeder Anforderung zu einer der folgenden drei Prioritätsklassen [IEEE Std 830-1998]:

- *Mandatory:* Hierbei handelt es sich um Anforderungen, die unbedingt zu realisieren sind, um den Erfolg des Systems nicht zu gefährden.
- *Optional:* Hierbei handelt es sich um Anforderungen, die nicht zwingend umgesetzt werden müssen. Das Vernachlässigen einzelner Anforderungen dieser Klasse wird den Erfolg des Systems nicht gefährden.
- *Nice-to-have:* Hierbei handelt es sich um Anforderungen, die im Falle der Nichtberücksichtigung den Erfolg des Systems nicht gefährden.

In der Praxis hat sich gezeigt, dass die Unterscheidung zwischen »Optional« und »Nice-to-have« mitunter nur schwer fassbar ist. Daher sollten zur Einordnung einer Anforderung möglichst detaillierte und objektiv überprüfbare Kriterien definiert werden, die bestimmen, wann eine Anforderung einer der Klassen zugeordnet wird.

Kano-Klassifikation

Der in Abschnitt 3.2 vorgestellte Kano-Ansatz unterstützt auch die Priorisierung von Anforderungen. Unter Verwendung des Kano-Ansatzes können Anforderungen im Hinblick auf deren Marktwirkung klassifiziert und priorisiert werden. Hierzu werden die Anforderungen in folgende drei Merkmalsklassen (siehe auch Abb. 3-1) klassifiziert:

Die drei Merkmalsklassen im Kano-Ansatz

- *Basismerkmale (Basisfaktor)*: Eine Anforderung spezifiziert ein Basismerkmal, wenn das System diese Anforderung aufweisen muss, um den Markteintritt zu ermöglichen.
- *Leistungsmerkmal (Leistungsfaktor):* Eine Anforderung spezifiziert ein Leistungsmerkmal, wenn die Kunden das assoziierte Merkmal im System bewusst fordern. Leistungsmerkmale des Systems bestimmen den Zufriedenheitsgrad des Kunden. Eine Steigerung der

Leistungsmerkmale führt in aller Regel zu einer Steigerung der Kundenzufriedenheit.

- *Begeisterungsmerkmal (Begeisterungsfaktor):* Eine Anforderung spezifiziert ein Begeisterungsmerkmal, wenn den Stakeholdern das durch die Anforderung definierte Systemmerkmal nicht bewusst war bzw. die Stakeholder die Umsetzung dieses Merkmals im System nicht erwartet haben. Die Kundenzufriedenheit steigt durch die Umsetzung von Begeisterungsmerkmalen überproportional.

Auf Grundlage der nach Kano klassifizierten Anforderungen kann z.B. eine Priorisierung der Anforderungen zum Zwecke der Releaseplanung vorgenommen werden.

Wiegers'sche Priorisierungsmatrix

Berechnung von Anforderungsprioritäten

Bei der Wiegers'schen Priorisierungsmatrix [Wiegers 1999] handelt es sich um ein analytisches Priorisierungsverfahren für Anforderungen. Den Kern des Ansatzes bildet eine Priorisierungsmatrix, auf deren Basis die Prioritäten der betrachteten Anforderungen systematisch bestimmt werden. Abb. 8-4 zeigt den Aufbau der Wiegers'schen Priorisierungsmatrix sowie die Systematik, nach der die Anforderungsprioritäten berechnet werden.

Relatives Gewicht ❶	→ 2 (GewichtNutzen)	→ 1 (GewichtNachteil)			→ 1 (GewichtKosten)		→ 0,5 (GewichtRisiko)			
Anforderung ❷	Relativer Nutzen	Relativer Nachteil	Gesamt	Wert %	Relative Kosten	Kosten %	Relatives Risiko	Risiko %	Priorität	Rang
R_1	5	3	13	16,8	2	13,3	1	9,1	0,941	1
R_2	9	7	25	32,5	5	33,3	3	27,2	0,692	3
R_3	5	7	17	22,1	3	20,0	2	18,2	0,759	2
R_4	2	1	5	6,5	1	6,7	1	9,1	0,577	4
R_5	4	9	17	22,1	4	26,7	4	36,4	0,489	5
Gesamt	25	27	77	100	15	100	11	100		
	❸	❹	❺		❻		❼		❽	❾

Abb. 8-4 Berechnung von Prioritäten in der Wiegers'schen Priorisierungsmatrix

Systematik der Bestimmung von Anforderungsprioritäten

Die Systematik der Berechnung von Anforderungsprioritäten in der Wiegers'schen Priorisierungsmatrix soll im Folgenden nur angedeutet werden. Detaillierte Informationen hierzu finden sich in [Wiegers 1999].

Die Berechnung von Anforderungsprioritäten in der Wiegers'schen Priorisierungsmatrix wird wie folgt durchgeführt:

❶ Bestimmung der relativen Gewichte von Nutzen, Nachteil, Kosten und Risiko

❷ Bestimmung der zu priorisierenden Anforderungen
❸ Abschätzung des relativen Nutzens
❹ Abschätzung des relativen Nachteils
❺ Berechnung der Gesamtwerte und der prozentualen Werte pro Anforderung:

Wert% (Ri) = Nutzen(Ri) × GewichtNutzen + Nachteil(Ri) × GewichtNachteil

❻ Abschätzung der relativen Kosten und Berechnung der prozentualen Kosten pro Anforderung
❼ Abschätzung des relativen Risikos und Berechnung des prozentualen Risikos pro Anforderung
❽ Berechnung der einzelnen Anforderungsprioritäten über:

Priorität(R_i) =

Wert% (R_i) / (Kosten%(R_i) × GewichtKosten + Risiko% (R_i) × GewichtRisiko)

❾ Festlegung des Rangs der einzelnen Anforderungen

In der Praxis hat sich gezeigt, dass analytische Priorisierungsverfahren, wie die hier skizzierte Wiegers'sche Priorisierungsmatrix, einen erheblich höheren Aufwand zur Priorisierung mit sich bringen, sodass in vielen Situationen die »einfachen« Klassifikationsverfahren das Mittel der Wahl sind. Allerdings haben die analytischen Verfahren den Vorteil, dass sie den Grad an Subjektivität in den Priorisierungsresultaten signifikant reduzieren können, sodass sie in komplexen und kritischen Priorisierungssituationen häufig zu objektiveren und nachvollziehbaren Ergebnissen führen.

8.4 Verfolgbarkeit von Anforderungen

Ein wichtiger Aspekt in der Verwaltung von Anforderung ist die Sicherstellung der Verfolgbarkeit von Anforderungen (Requirements Traceability). Die Verfolgbarkeit einer Anforderung ist die Fähigkeit, eine Anforderung über den gesamten Lebenszyklus des Systems hinweg nachvollziehen zu können (siehe Abschnitt 4.6).

8.4.1 Nutzen der Verfolgbarkeit von Anforderungen

Vorteile der Verfolgbarkeit von Anforderungen

Die Nutzung von Verfolgbarkeitsinformationen unterstützt in vielerlei Hinsicht die Systementwicklung und ist häufig erst die Voraussetzung dafür, bestimmte Techniken im Entwicklungsprozess etablieren und durchführen zu können [Pohl 1996; Ramesh 1998]:

- *Nachweisbarkeit:* Die Verfolgbarkeit von Anforderungen unterstützt den Nachweis, dass eine Anforderung im System umgesetzt, d.h. durch ein Systemmerkmal realisiert wurde.
- *Identifikation von Goldrandlösungen im System:* Die Verfolgbarkeit von Anforderungen unterstützt die Identifikation von sogenannten Goldrandlösungen in dem entwickelten System und somit die Identifikation von nicht geforderten Eigenschaften. Hierzu wird für jedes Systemmerkmal (funktional oder qualitativ) nachgeprüft, ob dieses Merkmal zur Realisierung einer Anforderung des Systems beiträgt.
- *Identifikation von Goldrandlösungen in den Anforderungen:* Über die Verfolgbarkeit einer Anforderung zu deren Ursprung können Anforderungen erkannt werden, die beispielsweise zu keinem Systemziel beitragen oder keiner Quelle zuordenbar sind. In der Regel gibt es für die Existenz dieser Anforderungen keinen Grund, weshalb diese Anforderungen auch nicht umgesetzt werden müssen.
- *Auswirkungsanalyse:* Die Verfolgbarkeit von Anforderungen unterstützt die Auswirkungsanalyse im Änderungsmanagement, indem beispielsweise bei der Änderung einer Anforderung durch die Verfolgbarkeit die Entwicklungsartefakte identifiziert werden können, die diese Anforderung realisieren und somit möglicherweise von der Änderung der Anforderung betroffen sind.
- *Wiederverwendung:* Die Verfolgbarkeit von Anforderungen unterstützt die Wiederverwendung von Entwicklungsartefakten in anderen Projekten. Auf der Basis eines Vergleichs von Anforderungen eines vergangenen und des neuen Entwicklungsprojekts können über Verfolgbarkeitsbeziehungen ggf. Entwicklungsartefakte (z.B. Komponenten, Testfälle) identifiziert werden, die im neuen Entwicklungsprojekt (adaptiert) wiederverwendet werden können.
- *Zurechenbarkeit:* Die Verfolgbarkeit von Anforderungen unterstützt beispielsweise die nachträgliche Zuordnung von Entwicklungsaufwänden zu einer Anforderung. Nach erfolgter Realisierung können z.B. alle Teilaufwände für die Entwicklungsartefakte aufaddiert werden, die der Anforderung zugeordnet sind.
- *Wartung und Pflege:* Die Verfolgbarkeit von Anforderungen unterstützt die Wartung eines Systems. Beispielsweise können Ursachen und Auswirkungen von Fehlern identifiziert, die von einem Fehler betroffenen Systemteile bestimmt und der Aufwand zur Beseitigung eines Fehlers prognostiziert werden.

8.4.2 Verwendungszweckbezogene Definition der Verfolgbarkeit

Eine vollständige Erfassung aller denkbaren Informationen, die die Verfolgbarkeit von Anforderungen über den Lebenszyklus eines Systems hinweg unterstützen, ist aufgrund der Ressourcenbeschränkungen von Entwicklungsprojekten in der Praxis so gut wie nie realisierbar.

Verwendungszweck von Verfolgbarkeits-informationen

Um eine effektive und effiziente Verfolgbarkeit von Anforderungen zu etablieren, sollten die aufzuzeichnenden Informationen auf Basis von klar definierten Verwendungszwecken definiert werden, d.h., es sollten nur solche Informationen aufgezeichnet werden, für die in der Systementwicklung oder in der Systemevolution eine klare Verwendung existiert [Dömges und Pohl 1998; Ramesh und Jarke 2001]. Die nicht zweckbezogene Aufzeichnung von Verfolgbarkeitsinformationen hat oftmals zur Konsequenz, dass entsprechende Informationen in der Regel nicht mehr lohnend im Entwicklungsprojekt genutzt werden können. Derartig aufgezeichnete Verfolgbarkeitsinformationen sind hinsichtlich einer möglichen Verwendung in vielen Fällen lückenhaft, unstrukturiert und fehlerbehaftet.

8.4.3 Klassifikation von Verfolgbarkeitsbeziehungen

Pre-RS-Traceability und Post-RS-Traceability

In der einschlägigen Literatur zur Verfolgbarkeit (auch: Nachvollziehbarkeit) von Anforderungen werden verschiedene Arten der Verfolgbarkeit von Anforderungen vorgeschlagen. Eine gängige Differenzierung der Verfolgbarkeit von Anforderungen unterscheidet zwischen der Pre-Requirements-Specification(RS)-Traceability und Post-Requirements-Specification(RS)-Traceability von Anforderungen [Gotel und Finkelstein 1994]. Wir unterscheiden somit zwischen drei Arten der Verfolgbarkeit:

- *Pre-RS-Traceability*: Unter der Pre-RS-Traceability werden Verfolgbarkeitsbeziehungen zu denjenigen Artefakten subsumiert, die der Anforderung im Projektverlauf vorgelagert sind, z.B. der Ursprung bzw. die Quelle einer Anforderung.
- *Post-RS-Traceability*: Post-RS-Traceability umfasst Verfolgbarkeitsinformationen von Anforderungen zu Artefakten, die im Projektverlauf den Anforderungen nachgelagert sind, z.B. Komponenten, Implementierung oder Testfälle.
- *Traceability zwischen Anforderungen*: Die Verfolgbarkeit zwischen Anforderungen betrachtet Spezifikationsbeziehungen und Abhängigkeiten zwischen Anforderungen. Beispiele hierfür sind die

Verfolgbarkeit, dass eine Anforderung eine andere Anforderung verfeinert, generalisiert oder ersetzt.

Abb. 8-5 illustriert die drei Ausprägungsformen der Verfolgbarkeit von Anforderungen im Requirements Engineering.

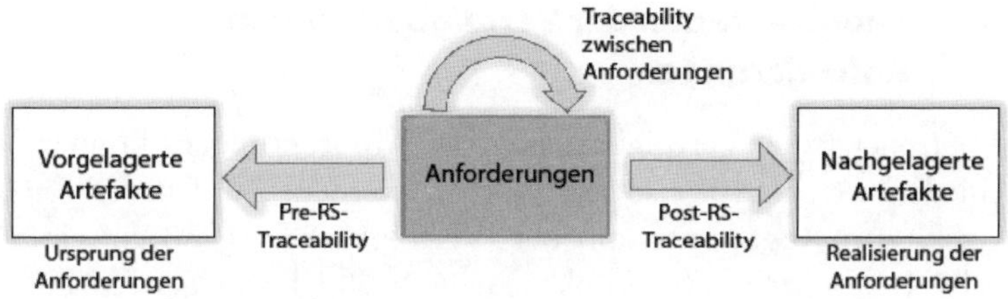

Abb. 8-5 Arten der Verfolgbarkeit von Anforderungen

Abb. 8-6 zeigt anhand der Anforderung »R-14« exemplarisch die drei Arten der Verfolgbarkeit. Die Pre-RS-Traceability der Anforderung »R-14« umfasst Beziehungen zum Ursprung dieser Anforderung in Form von Informationen über/im Systemkontext, die die Anforderung »R-14« beeinflusst haben. Die Post-RS-Traceability der Anforderung »R-14« umfasst Beziehungen zu Komponenten im Grobentwurf, Klassen im Feinentwurf und der zugehörigen Implementierung sowie zu den Testfällen, die im Systemtest verwendet werden, um die vollständige und korrekte Realisierung der Anforderung im entwickelten System zu prüfen.

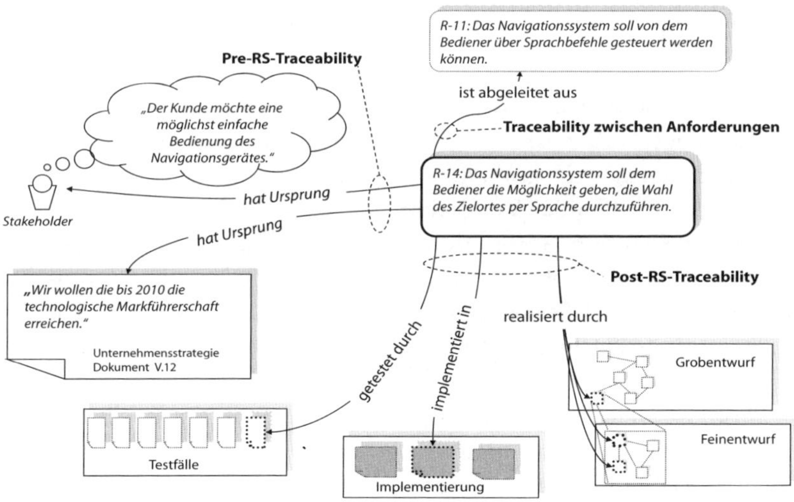

Abb. 8-6 Drei Arten der Verfolgbarkeit von Anforderungen

Abb. 8-6 zeigt darüber hinaus auch die Verfolgbarkeit zwischen Anforderungen. So dokumentiert die Verfolgbarkeitsbeziehung zwischen der Anforderung »R-14« und »R-11« den Umstand, dass die Anforderung »R-14« aus der Anforderung »R-11« abgeleitet wurde.

8.4.4 Repräsentation der Verfolgbarkeit von Anforderungen

Informationen zur Verfolgbarkeit von Anforderungen können auf verschiedene Art und Weise repräsentiert werden. Zu den verbreiteten Ansätzen zur Repräsentation der Verfolgbarkeit gehören einfache textuelle Referenzen, Hyperlinks sowie Verfolgbarkeitsmatrizen und Verfolgbarkeitsgraphen.

Textuelle Referenzen und Hyperlinks

Eine einfache Form der Repräsentation von Verfolgbarkeitsinformationen einer Anforderung besteht darin, das Zielartefakt als textuelle Referenz an der betrachteten Anforderung (Ausgangsartefakt) zu annotieren oder zwischen dem Ausgangsartefakt und dem Zielartefakt einen Hyperlink zu etablieren. Bei der Verlinkung von Artefakten können dabei ggf. auch verschiedene Typen von Hyperlinks mit spezifischen Link-Semantiken definiert werden.

Verfolgbarkeitsmatrizen

Eine verbreitete Technik zur Repräsentation und Dokumentation von Verfolgbarkeitsinformationen zwischen Anforderungen sowie zwischen Anforderungen und vor- bzw. nachgelagerten Artefakten im Entwicklungsprozess sind Verfolgbarkeitsmatrizen. Die Zeilen einer Verfolgbarkeitsmatrix enthalten die Ausgangsartefakte (Anforderungen). In den Spalten der Verfolgbarkeitsmatrix werden die Zielartefakte (z.B. Quellen von Anforderungen, Entwicklungsartefakte, Anforderungen) aufgeführt. Besteht eine Verfolgbarkeitsbeziehung zwischen einem Ausgangsartefakt in der Zeile n und einem Zielartefakt in der Spalte m, so wird in der Zelle (n, m) der Verfolgbarkeitsmatrix eine Markierung gesetzt.

Interpretation von Verfolgbarkeitsmatrizen

Abb. 8-7 zeigt eine einfache Verfolgbarkeitsmatrix für die Verfolgbarkeitsbeziehung »abgeleitet«, die zwischen zwei Anforderungen existiert. Ein Eintrag in der Matrix drückt aus, dass eine Verfolgbarkeitsbeziehung vom Typ »abgeleitet« von einer Anforderung »*Req-n*« zu einer anderen Anforderung »*Req-m*« besteht, in dem Sinne, dass »*Req-n*« aus der Anforderung »*Req-m*« abgeleitet wurde.

Zielartefakte

Ausgangsartefakte

abgeleitet	Req-1	Req-2	Req-3	Req-4	Req-5
Req-1		X			
Req-2			X		
Req-3					X
Req-4			X		
Req-5					

Abb. 8-7 Repräsentation der Verfolgbarkeit in einer Verfolgbarkeitsmatrix

Handhabbarkeit von Verfolgbarkeitsmatrizen

In der Praxis hat sich gezeigt, dass Verfolgbarkeitsmatrizen mit einer steigenden Zahl von Anforderungen nur noch schwer gehandhabt werden können. So umfasst eine Verfolgbarkeitsmatrix, die z.B. Verfeinerungsbeziehungen zwischen 2000 Anforderungen dokumentiert, schon 4 Millionen Felder. Zudem sind oft zahlreiche Verfolgbarkeitsmatrizen zu erstellen, um die vorhandenen Informationen (z.B. hinsichtlich verschiedener Typen von Verfolgbarkeitsbeziehungen) übersichtlich darstellen zu können.

Verfolgbarkeitsgraphen

Ein Verfolgbarkeitsgraph ist ein Graph, in dem die Knoten Artefakte und die Kanten Beziehungen zwischen diesen Artefakten darstellen. Die Unterscheidung verschiedener Artefakte und Typen von Verfolgbarkeitsbeziehungen kann durch entsprechende Attributierung der Knoten und Kanten des Graphen realisiert werden.

Verfolgbarkeitsgraph über verschiedene Entwicklungsartefakte

Abb. 8-8 zeigt die Repräsentation von Verfolgbarkeitsinformationen an einem vereinfachten Beispiel. In dem Verfolgbarkeitsgraphen ist für jeden Typ von Artefakt (Kontextinformationen, Anforderungen, Komponenten) ein Knotentyp definiert. Der Graph besitzt darüber hinaus drei Kantentypen, die die drei Typen von Verfolgbarkeitsbeziehungen »realisiert durch«, »ist Ursprung« und »verfeinert« repräsentieren.

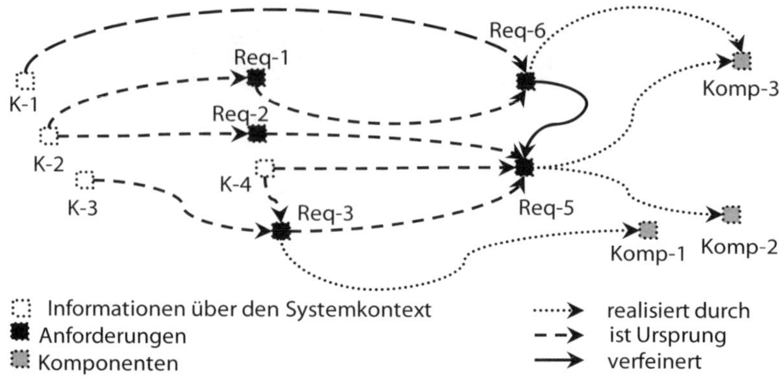

Abb. 8-8 Repräsentation der Verfolgbarkeit mittels Graphen (Ausschnitt)

Verfolgbarkeitsketten

Werden auch Beziehungen zu vorgelagerten Artefakten (z.B. Stakeholder und Interviewprotokolle) und nachgelagerten Artefakten (z.B. Testfälle und Komponenten) verwaltet, so können Verfolgbarkeitsketten für die jeweilige Anforderung in verschiedenen Tiefen erstellt werden, bis hin zu einer Verfolgbarkeit der Anforderung über den gesamten Lebenszyklus des Systems hinweg. Gängige Werkzeuge zur Verwaltung von Anforderungen ermöglichen bei der Erstellung von Verfolgbarkeitsketten die Definition von Darstellungstiefen, sodass je nach angegebener Tiefe nur die unmittelbaren Beziehungen der Anforderung oder auch eine vollständige Verfolgbarkeitskette für diese Anforderung generiert und angezeigt werden kann. Die Verfolgbarkeitsketten bilden u.a. die Grundlage für eine umfassende Auswirkungsanalyse im Änderungsmanagement von Anforderungen.

8.5 Versionierung von Anforderungen

Über den Lebenszyklus eines Systems hinweg verändert sich die Anforderungsbasis[10], indem neue Anforderungen hinzukommen und bestehende Anforderungen entfernt oder verändert werden. Die Ursachen für die Änderungen in den Anforderungen sind vielfältig. Eine Ursache ist beispielsweise die Tatsache, dass die Stakeholder im Verlaufe des Requirements Engineering immer mehr über das zu entwickelnde System lernen und sich somit neue bzw. veränderte Anforderungen ergeben. Aufgrund dieser Veränderungen ist eine geeignete Versionierung von Anforderungen sehr zu empfehlen.

[10] Die Anforderungsbasis ist die Menge aller Anforderungen eines Systems.

Gegenstand der Versionsverwaltung

Die Versionierung von Anforderungen zielt darauf ab, über den Entwicklungsprozess bzw. über den Lebenszyklus eines Systems hinweg Zugriff auf die spezifischen Änderungsstände einzelner Anforderung zu besitzen. Die Version einer Anforderung ist durch einen spezifischen inhaltlichen Änderungsstand dieser Anforderung definiert und wird durch eine eindeutige Versionsnummer gekennzeichnet. Die unter der Versionsverwaltung stehenden Informationen können dabei einzelne textuelle Anforderungen sein, Sätze oder Abschnitte von Anforderungsdokumenten, vollständige Anforderungsdokumente, aber auch Anforderungsmodelle bzw. Teilbereiche von Anforderungsmodellen.

8.5.1 Versionen von Anforderungen

Bei der Versionierung von Anforderungen wird zwischen der Version und dem Inkrement einer Versionsnummer unterschieden. So referenziert z.B. die Versionsnummer »1.2« einer Anforderung die Version »1« und innerhalb dieser Version das Inkrement »2«.

Systematik der Vergabe von Versionsnummern

Abb. 8-9 illustriert die Systematik der Vergabe von Versionsnummern für Anforderungen. Wie in der Abbildung angedeutet, wird bei kleineren inhaltlichen Veränderungen das Inkrement und bei größeren inhaltlichen Veränderungen die Version der Anforderung um eine Stufe erhöht. Wird die Version erhöht, so wird das Inkrement wieder auf den initialen Wert (»0«) zurückgesetzt. Soll aus Gründen der Verständlichkeit deutlich gemacht werden, dass es sich bei dem angegebenen Identifikator um eine Versionsnummer handelt, wird der Versionsnummer ein »v« vorangestellt.

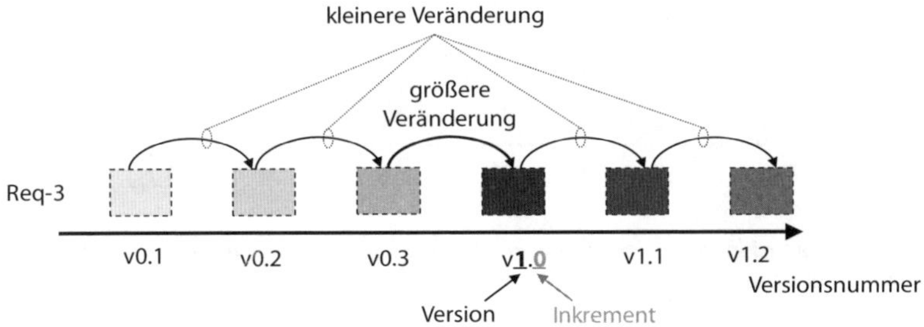

Abb. 8-9 Versionen von Anforderungen

Neben der vorgestellten einfachen Strukturierung von Versionsnummern und der zugehörigen Systematik sind auch andere Systematiken der Vergabe von Versionsnummer verbreitet, wie beispielsweise die Unterscheidung von Versionsidentifikator, Inkrementidentifikator und Sub-Inkrementidentifikator der Form v1.2.12.

8.5.2 Konfigurationen von Anforderungen

Eine Anforderungskonfiguration besteht aus einer Menge von Anforderungen mit der zusätzlichen Bedingung, dass jede der ausgewählten Anforderungen in genau einer Version (identifiziert durch eine Versionsnummer) in der Anforderungskonfiguration enthalten ist.

Dimensionen des Konfigurationsmanagements von Anforderungen

Die Verwaltung von Konfigurationen von Anforderungen kann durch zwei Dimensionen beschrieben werden [Conradi und Westfechtel 1998]: In der Produktdimension betrachtet das Konfigurationsmanagement die einzelnen Anforderungen der Anforderungsbasis. In der Versionsdimension berücksichtigt die Konfigurationsverwaltung (als Teil der Versionsverwaltung) die unterschiedlichen Änderungsstände der Anforderungen in der Produktdimension. Abb. 8-10 illustriert die beiden Dimensionen der Verwaltung von Anforderungskonfigurationen. Auf der Anforderungsachse sind die Anforderungen der Anforderungsbasis aufgetragen und auf der Versionsachse die verschiedenen Versionen der Anforderungen.

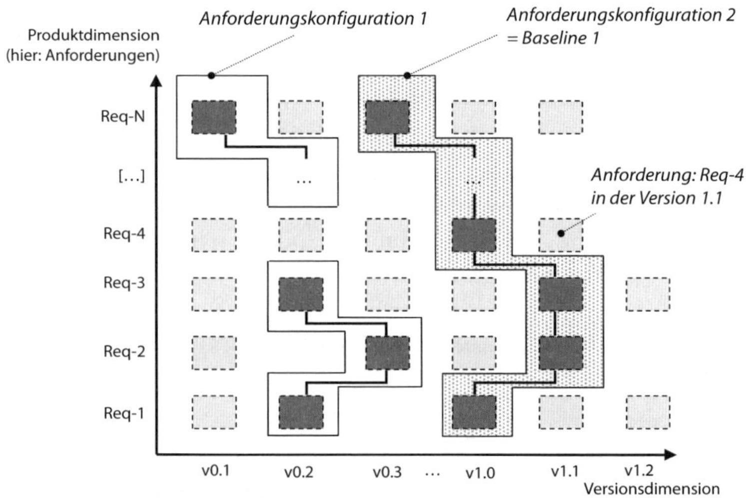

Abb. 8-10 Dimensionen der Verwaltung von Konfigurationen von Anforderungen (angelehnt an [Conradi und Westfechtel 1998])

Eigenschaften von Konfigurationen von Anforderungen

Eine Konfiguration von Anforderungen fasst eine definierte Menge logisch zusammengehöriger Anforderungen (genauer Versionen von Anforderungen) zusammen, wobei von jeder Anforderung der Anforderungsbasis höchstens eine Version dieser Anforderung in einer Konfiguration vertreten sein darf. Eine Anforderungskonfiguration muss allerdings nicht von jeder in der Produktdimension betrachteten Anforderung eine Version enthalten (vgl. Abb. 8-10, Anforderungskonfiguration 1). Eine Konfiguration von Anforderungen besitzt die folgenden Eigenschaften:

- *Sachlogische Zusammenhang*: Die in einer Konfiguration enthaltenen Anforderungen stehen in einem sachlogischen Zusammenhang, d.h., die Gruppierung der Anforderungen zu einer Konfiguration ist zweckgerichtet.
- *Konsistenz*: Die in der Konfiguration enthaltenen Anforderungen sind widerspruchsfrei, d.h., die in der Konfiguration enthaltenen Anforderungen sind in den jeweiligen Versionen widerspruchsfrei.
- *Eindeutige Identifikation:* Eine Konfiguration besitzt einen eindeutigen Identifikator (ID), über den die Konfiguration eindeutig identifiziert werden kann.
- *Nicht veränderbar:* Eine Konfiguration definiert einen bestimmten unveränderlichen Stand der Anforderungsbasis. Werden Anforderungen in einer Konfiguration verändert, so führt dies zu einer neuen Version der Anforderung sowie ggf. zu neuen Konfigurationen.
- *Grundlage für Rücksetzen*: Sollen Änderungen in Anforderungen rückgängig gemacht werden, so bieten Konfigurationen die Möglichkeit, Anforderungen der Konfiguration auf die jeweiligen Versionen innerhalb der Konfiguration zurückzusetzen und somit z.B. wieder einen konsistenten Zustand der Anforderungsbasis zu erhalten.

8.5.3 Anforderungsbasislinien

Konfiguration vs. Basislinie

Anforderungsbasislinien sind ausgezeichnete Konfigurationen von Anforderungen, die in der Regel stabile Versionen von Anforderungen umfassen und häufig auch Auslieferungsstufen des Systems definieren. Aufgrund des letztgenannten Merkmals sind Anforderungsbasislinien für gewöhnlich nach außen hin (z.B. für den Auftraggeber) sichtbar. Die Verwendung von Anforderungsbasislinien unterstützt eine Reihe wichtiger Tätigkeiten im Entwicklungsprozess:

- *Grundlage zur Planung von Auslieferungsstufen:* Anforderungsbasislinien sind für den Auftraggeber sichtbare ausgezeichnete Konfigurationen »stabiler« Anforderungen. Basislinien dienen somit auch als Kommunikationsgrundlage zur Planung von Auslieferungsstufen des Systems und zu deren Definition.
- *Abschätzung des Realisierungsaufwands:* Da Basislinien von Anforderungen zur Definition von Auslieferungsstufen des Systems verwendet werden, können Basislinien zur Abschätzung des Reali-

sierungsaufwands einer Auslieferungsstufe des Systems verwendet werden, indem der jeweilige Teilaufwand zur Realisierung der Anforderung einer Basislinie zum Gesamtrealisierungsaufwand aufaddiert wird.

- *Vergleichen mit Konkurrenzprodukten:* Anforderungsbasislinien werden zum Vergleich des geplanten Systems mit Konkurrenzsystemen verwendet.

Auslieferungsstufe = Anforderungsrelease

Die Auslieferungsstufe eines Systems wird häufig auch als »Systemrelease« bezeichnet. Die Begriffe »Anforderungsrelease« und »Anforderungsbasislinie« werden in der Praxis dabei häufig synonym verwendet.

8.6 Verwaltung von Anforderungsänderungen

Anforderungen verändern sich über den gesamten Entwicklungs- und Lebenszyklus eines Systems hinweg, d.h., neue Anforderungen kommen hinzu und bestehende Anforderungen werden verändert oder entfernt.

8.6.1 Anforderungsänderungen

Ursachen für Änderungen

Die Ursachen für die Änderungen in den Anforderungen sind vielfältig. Neben Änderungen, die unmittelbar aus Fehlern bzw. Unvollständigkeiten in den Anforderungen resultieren, macht auch die Evolution des Kontexts ggf. Anforderungsänderungen notwendig. Beispiele hierfür sind etwa ein Wandel in den Nutzungswünschen der Stakeholder, Gesetzesänderungen, neue Technologien oder zusätzliche Konkurrenzprodukte am Markt. Änderungen von Anforderungen können aber auch aufgrund eines Fehlverhaltens des Systems im Betrieb notwendig werden, wenn für das Fehlverhalten ein Fehler in den Anforderungen verantwortlich ist.

Änderungen sind per se nicht negativ

Änderungen von Anforderungen sind per se nichts Negatives, sondern ein Indikator dafür, dass sich die Stakeholder mit dem System auseinandersetzen und mehr und mehr über die Funktionen, Qualitäten und Restriktionen des zu entwickelnden Systems lernen. Treten im Verlauf der Systementwicklung nur sehr wenige Änderungswünsche auf, kann dies ein Indiz dafür sein, dass die Stakeholder ein nur geringes Interesse an dem zu entwickelnden System haben.

Änderungshäufigkeit als Indikator für Prozessgüte

Nehmen die Anforderungsänderungen jedoch überhand, so wird die Entwicklung eines mit den relevanten Stakeholdern abgestimmten Systems nahezu unmöglich. Eine zu hohe Änderungsrate ist u.a. ein Indikator für die unzureichende Durchführung von Requirements-Engineering-Aktivitäten, wie z.B. Ermittlungs- und Übereinstimmungstechniken. Darüber hinaus bindet eine sehr hohe Änderungsrate sehr viele Ressourcen im Entwicklungsprojekt.

8.6.2 Das Change-Control Board

Über den Lebenszyklus eines Systems hinweg ist es notwendig, Änderungsanträge für Anforderungen zu kanalisieren und in einem systematischen Prozess eine begründete Entscheidung herbeizuführen, ob bzw. in welcher Weise dem Änderungsantrag entsprochen wird. Änderungen können sich entweder auf einzelne Anforderungen (z.B. die Redefinition einer Anforderung) oder auf die Anforderungsbasis beziehen. Die Bewertung von Anforderungsänderungen sowie die Entscheidung über die Durchführung einer Änderung liegen in Entwicklungsprojekten in der Regel in der Verantwortung des Change-Control Board (Änderungsgremium). Das Change-Control Board (CCB) hat typischerweise die folgenden Verantwortlichkeiten:

Aufgaben des Change-Control Board

- Bestimmung des Aufwands zur Umsetzung eines Änderungsantrags (ggf. Beauftragung Dritter mit der Aufwandsanalyse)
- Beurteilung der Änderungsanträge, z.B. im Hinblick auf das Verhältnis von Aufwand zum Nutzen
- Definition von Anforderungsänderungen bzw. Definition neuer Anforderungen auf der Grundlage der Änderungsanträge
- Entscheidung über Annahme/Ablehnung eines Änderungsantrags
- Klassifikation eingehender Änderungsanträge
- Priorisierung der angenommenen Anforderungsänderungen
- Zuordnung der angenommenen Änderungsanträge zu Änderungsprojekten

Vertreter im Change-Control Board

Das Change-Control Board kann diese Verantwortlichkeiten ggf. delegieren. Änderungsentscheidungen sind mit dem Auftraggeber sowie mit allen betroffenen Stakeholdern im Entwicklungsprojekt abzustimmen. Im Change-Control Board sollten daher, abhängig von bestimmten Merkmalen des zu entwickelnden Systems bzw. des Entwicklungsprozesses, u.a. die folgenden Stakeholder vertreten sein:

- Änderungsmanager
- Auftraggeber
- Architekt
- Entwickler
- Konfigurationsmanager
- Kundenvertreter
- Nutzervertreter

- Produktmanager
- Projektmanager
- Qualitätsbeauftragter
- Requirements Engineer

Die Rolle des Änderungsmanagers

Dem Change-Control Board sitzt ein Änderungsmanager vor. Der Änderungsmanager hat u.a. die Aufgabe, im Fall von Konflikten zwischen den Beteiligten zu vermitteln und die getroffenen Entscheidungen mit den jeweiligen Parteien abzustimmen. Darüber hinaus ist der Änderungsmanager für die Kommunikation und Dokumentation von Entscheidungen verantwortlich.

8.6.3 Der Änderungsantrag

Schablone für Änderungsantrag

Um Änderungen von Anforderungen im Requirements Engineering verwalten zu können, müssen diese zweckmäßig dokumentiert werden. Ein Änderungsantrag (Change Request) dokumentiert die gewünschte Änderung und enthält zusätzliche Informationen zur Verwaltung des Änderungsantrags.

Ein Änderungsantrag sollte die folgenden Änderungsinformationen enthalten:

Änderungsinformationen

- *Identifikator:* Der Identifikator ermöglicht die eindeutige Identifikation des Änderungsantrags im gesamten Lebenszyklus des Systems.
- *Titel:* Der Titel fasst in einer kurzen Aussage den wesentlichen Inhalt des Änderungsantrags zusammen.
- *Beschreibung:* In der Beschreibung wird möglichst präzise die Anforderungsänderung dokumentiert. Die Beschreibung kann auch Angaben über die Auswirkungen der Änderung beinhalten.
- *Begründung:* Hier werden die wichtigsten Gründe für die vorgeschlagene Änderung zusammengefasst.
- *Datum:* Datum, an dem der Änderungsantrag gestellt wurde.
- *Antragsteller:* Name des Antragstellers
- *Priorität aus Sicht des Antragstellers:* Wichtigkeit dieser Änderung aus dem Blickwinkel des Antragstellers

Verwaltungsinformationen für den Änderungsantrag

Zusätzlich zu den oben aufgeführten Änderungsinformationen sind folgende weitere Angaben zur Verwaltung eines Änderungsantrags hilfreich:

- *Prüfer der Änderung:* Person, die nach der Umsetzung des Änderungsantrags überprüft, ob die Änderung richtig umgesetzt wurde.

- *Status Auswirkungsanalyse:* Angabe, ob die Auswirkungen des Änderungsantrags schon analysiert wurde.
- *Status Entscheidung CCB:* Angabe, ob über den Änderungsantrag schon entschieden wurde.
- *Priorität CCB:* Hier wird die durch das Change-Control Board festgelegte Priorität des Änderungsantrags dokumentiert.
- *Verantwortlicher:* Angabe der Person, die für die Umsetzung des Änderungsantrags verantwortlich ist.
- *Systemrelease:* Angabe, im welchem Systemrelease der Änderungsantrag umgesetzt werden soll.

8.6.4 Klassifikation eingehender Änderungsanträge

Korrektive, adaptive und Ausnahmeänderung

Ein Änderungsantrag wird im ersten Bearbeitungsschritt durch den Änderungsmanager oder das Change-Control Board klassifiziert. Typischerweise nimmt der Änderungsmanager eine Vorkategorisierung der Änderungsanträge vor, die bei der nächsten Sitzung des Change-Control Board vorgestellt, falls notwendig angepasst, und schließlich genehmigt wird. Ein Änderungsantrag wird hierbei einer der drei folgenden Kategorien zugeordnet:

- *Korrektive Anforderungsänderung:* Ein Änderungsantrag wird dieser Kategorie zugeordnet, wenn die Grundlage für den Änderungsantrag ein Fehlverhalten des Systems im Betrieb und dessen Ursache auf einen Fehler in den Anforderungen zurückzuführen ist.
- *Adaptive Anforderungsänderung:* Ein Änderungsantrag wird dieser Kategorie zugeordnet, wenn die beantragte Änderung eine Anpassung des Systems erfordert. Ursache für eine adaptive Anforderungsänderung kann beispielsweise eine Veränderung im Kontext sein, z.B. neue Technologie verfügbar oder veränderte Systemgrenzen (vgl. Abschnitt 2.2).
- *Ausnahmeänderung (»Hotfix«):* Ein Änderungsantrag wird dieser Kategorie zugeordnet, wenn es sich um eine Änderung handelt, die unbedingt und unmittelbar umzusetzen ist. Ausnahmeänderungen können sowohl korrektiv als auch adaptiv sein.

Unterschiedliche Bearbeitungssystematik

Die Bearbeitungssystematik für eine Anforderungsänderung unterscheidet sich in Abhängigkeit von der erfolgten Klassifizierung. Beispielsweise werden Ausnahmeänderungen an der Anforderungsbasis möglichst umgehend analysiert, bewertet, entschieden und ggf. umgesetzt. Im Gegensatz hierzu werden adaptive Änderungsanträge oft gebündelt und zu einem späteren Zeitpunkt analysiert, bewertet und typischerweise erst in nächsten (oder einem späteren) Systemrelease umgesetzt. Im Gegensatz zu adaptiven Änderungen werden korrektive Änderungen in der Regel zeitnah analysiert, bewertet und falls notwendig umgesetzt.

8.6.5 Prinzipielles Vorgehen bei korrektiven und adaptiven Änderungen

Abb. 8-11 illustriert das prinzipielle Vorgehen für die Bearbeitung von Änderungsanträgen. Dieses Vorgehen kann abhängig von der Art der Änderung und den unternehmens- bzw. projektspezifischen Eigenschaften zweckmäßig angepasst werden.

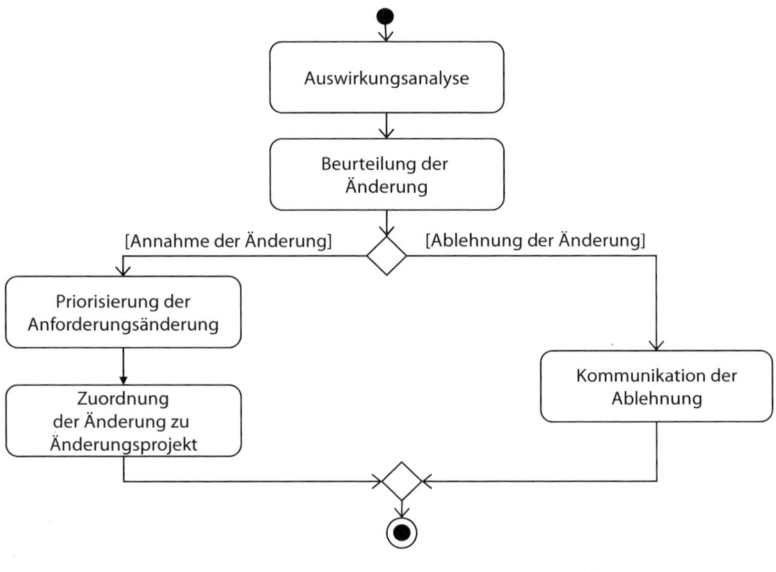

Abb. 8-11 Systematik der Bearbeitung von Änderungsanträgen

Auswirkungsanalyse

Im Rahmen der Auswirkungsanalyse wird der Aufwand für die Durchführung der beantragten Änderung ermittelt. Zur Ermittlung des Änderungsaufwands werden zunächst alle Anforderungen ermittelt, die von der Änderung betroffen sind, einschließlich der neu definierten Anforderungen. Anschließend werden die nachgelagerten Entwicklungsartefakte identifiziert, die ggf. geändert bzw. neu entwickelt werden müssen (z.B. Komponenten und Testfälle). Für jedes der betroffenen Artefakte wird anschließend der Aufwand zur Umsetzung der Änderung ermittelt und schließlich der Gesamtaufwand der beantragten Änderung festgestellt.

Der geschätzte Aufwand zur Umsetzung einer Änderung wird dabei oft nur unwesentlich durch die konsistente Integration der Änderung in die Anforderungsbasis verursacht, aber wesentlich durch die notwendige Anpassung der nachgelagerten Entwicklungsartefakte.

Nutzung von Verfolgbarkeitsinformationen

Die Identifikation der von einer Änderung ggf. betroffenen Anforderungen und nachgelagerten Entwicklungsartefakte kann mittels aufgezeichneter Verfolgbarkeitsinformationen zu Teilen automatisiert, zumindest jedoch unterstützt werden. Stehen keine oder nicht alle benötigten Verfolgbarkeitsinformationen zur Verfügung, sollten Domänenexperten bzw. Experten im Entwicklungsteam bzgl. der Konsequenzen der beantragten Änderung befragt werden.

Beurteilung der Änderung

Nach Abschluss der Auswirkungsanalyse nimmt das Change-Control Board eine Beurteilung der beantragten Änderung vor. Hierzu werden Aufwand und Nutzen gegenübergestellt und hinsichtlich der zur Verfügung stehenden Ressourcen bewertet. Der mit der Änderung einhergehende Nutzen kann sich dabei z.B. auf einen vermiedenen Prestigeverlust, eine verbesserte Marktstellung oder vermiedene Konventionalstrafen beziehen.

Umsetzung angenommener Änderungen

Angenommene Anforderungsänderungen werden im nächsten Schritt durch das Change-Control Board priorisiert. Im Anschluss an die Priorisierung werden die Anforderungsänderungen zur Umsetzung einem Änderungsprojekt bzw. dem nächsten (oder auch einem späteren) Systemrelease zugeordnet.

Validierung der Änderungsumsetzung

Die Planung, die Kontrolle der Durchführung und die Validierung der erfolgreichen Umsetzung der beantragten Änderungen fallen typischerweise in die Verantwortung des Änderungsmanagers oder des Change-Control Board und können selbstverständlich entsprechend delegiert werden.

8.7 Zusammenfassung

Die Verwaltung von Anforderungen (Requirements Management) ist eine der Hauptaktivitäten im Requirements Engineering. Ziel dieser Aktivität ist es, die dokumentierten Anforderungen sowie andere relevante Informationen über den gesamten Lebenszyklus des Systems bzw. Produkts hinweg persistent verfügbar zu machen, sinnvoll zu strukturieren (z.B. durch eine geeignete Attributierung) sowie den selektiven Zugriff auf diese Informationen zu gewährleisten. Die Verwaltung von Anforderungen umfasst dabei Techniken der folgenden Kategorien:

- *Attributierung von Anforderungen:* Um die Verwaltung von Anforderungen zu ermöglichen, werden Merkmale von Anforderungen durch Anforderungsattribute dokumentiert.
- *Priorisierung von Anforderungen*: Anforderungen werden zu verschiedenen Zeitpunkten in verschiedenen Aktivitäten nach unterschiedlichen Kriterien priorisiert. Je nach Priorisierungsziel und Priorisierungsgegenstand sind für die Priorisierung unterschiedliche Techniken einzusetzen.
- *Verfolgbarkeit von Anforderungen:* Im Rahmen der Verwaltung von Anforderungen werden Verfolgbarkeitsinformationen von Anforderungen aufgezeichnet, organisiert und gepflegt, um Informationen über Querbezüge und Abhängigkeiten von Anforderungen untereinander oder von Anforderungen zu anderen Entwicklungsartefakten nutzen zu können.
- *Versionierung von Anforderungen:* Die Versionierung und Konfiguration von Anforderungen ermöglicht es, über den Lebenszyklus eines Systems oder Produkts hinweg spezifische Entwicklungsstände von Anforderungen und Anforderungsdokumenten verfügbar zu halten.
- *Änderungsmanagement von Anforderungen:* Für die Bearbeitung der Änderungsanträge ist typischerweise das Change-Control Board zuständig. Das Change-Control Board entscheidet über die Annahme bzw. die Ablehnung von Änderungsanträgen. Es priorisiert die Änderungsanträge und schätzt die Auswirkungen der Änderung auf alle Entwicklungsartefakte sowie die zur Umsetzung der Änderung benötigten Ressourcen ab.

9 Werkzeugunterstützung

Die verschiedenen Aktivitäten im Requirements Engineering sollten durch geeignete Werkzeuge unterstützt werden, die idealerweise integriert sind und die jeweils abgelegten Informationen nutzen und weiterverarbeiten können. Dies können Informationen sein, die im Requirements Engineering erzeugt wurden (z.B. natürlichsprachige oder modellbasierte Anforderungen) oder als Basis für die Anforderungen genutzt wurden (z.B. Besprechungsprotokolle, Zieldokumentationen, Stakeholderlisten). Die in der Praxis bekannteste Form von Werkzeugen für das Requirements Engineering sind solche Werkzeuge, die auf die Verwaltung von Anforderungen (vgl. Kapitel 8) abzielen. Die Ausführungen in diesem Kapitel betrachten schwerpunktmäßig Werkzeuge zur Verwaltung von Anforderungen (Requirements-Management-Werkzeuge, kurz RM-Werkzeuge). Neben solchen Werkzeugen gibt es auch Werkzeuge, die zur Unterstützung der Ermittlung, Dokumentation, Überprüfung und Abstimmung von Anforderungen im Requirements Engineering eingesetzt werden können.

9.1 Allgemeine Werkzeugunterstützung

Werkzeuge in der Systementwicklung

Eine Vielzahl von Werkzeugen, die im Rahmen der Systementwicklung eingesetzt werden, kann neben dem eigentlichen Einsatzgebiet auch für Aufgaben des Requirements Engineering genutzt werden. So bieten Testverwaltungs-, Fehlerverfolgungs- oder Konfigurationsmanagement-Werkzeuge oftmals Funktionen zur Anforderungsverwaltung oder können mithilfe von Anpassungen dazu eingesetzt werden. Ein Vorteil beim Einsatz dieser Werkzeuge z.B. zur Verwaltung von Anforderungen ist die Integration, die zwischen Anforderungen und den Entwicklungsartefakten erreicht wird, für die diese Werkzeuge ursprünglich konzipiert wurden (wie Testfälle oder Änderungsanträge). Werden z.B. die Anforderungen im Testverwaltungswerkzeug gepflegt und nicht separat in einem RM-Werkzeug, so fällt eine Werkzeugschnittstelle weg, und die Verknüpfung von Anforderung und zugehörigen Testfällen kann leichter erfolgen.

Unterstützung durch Wiki-Technologien

Auch Wiki-Technologien werden mittlerweile zur Unterstützung des Requirements Engineering eingesetzt, z.B. um kooperativ Glossare aufzubauen oder gemeinsam Anforderungen an ein System zu erarbeiten. Insbesondere bei Systemen mit sehr vielen Stakeholdern haben sich Wikis in der Praxis als äußerst geeignet gezeigt.

Werkzeuge zur Strukturierung, Präsentation, Visualisierung und Simulation

Auch Werkzeuge anderer Werkzeugklassen helfen, die Effektivität und Effizienz des Requirements Engineering zu erhöhen. So können im Brainstorming entworfene Mindmaps als Gliederungsstruktur dienen oder Präsentationswerkzeuge zum Entwerfen eines groben Analysekonzepts eingesetzt werden. Werden Prototypen verwendet, können Simulationswerkzeuge oder Testumgebungen helfen, diese im Betrieb zu simulieren. Werkzeuge zur Erstellung von Prototypen der Benutzungsschnittstelle (GUI-Prototypen) oder Entwicklungsumgebungen visualisieren Benutzeroberflächen und Funktionen und dienen dadurch als Diskussionsgrundlage. Flowcharts oder Visualisierungsprogramme werden eingesetzt, um unterschiedliche Diagramme und Grafiken zu erzeugen.

Kommunikations-, Büro- und Projektmanagementwerkzeuge

Auch Werkzeuge, die die alltäglichen Arbeitsabläufe im Office-Betrieb unterstützen, werden im Requirements Engineering eingesetzt: von Mailsystemen über Chatsoftware, Adressbücher, Terminplaner, Groupware-Plattformen bis hin zu Werkzeugen für das Projektmanagement bzw. für die Projektplanung und das Projektcontrolling. Sie unterstützen die Stakeholder im Requirements Engineering bei der Kommunikation sowie der Planung und Koordination von Aufgaben.

9.2 Modellierungswerkzeuge

Neben den natürlichsprachigen Informationen werden im Requirements Engineering auch Informationen in Form von Modellen dokumentiert, die mithilfe von Modellierungswerkzeugen erstellt werden (vgl. Kapitel 6). Diese Werkzeuge bieten nicht nur die Möglichkeit, Modelle zu erstellen, sondern verfügen oftmals auch über Funktionen zur syntaktischen Analyse dieser Modelle.

Bei der Auswahl des Modellierungswerkzeugs sind jedoch ähnliche Kriterien zu beachten, wie sie auch für spezialisierte Requirements-Management-Werkzeuge gelten (siehe Abschnitt 9.5). So muss das Modellierungswerkzeug jedem Modellelement eine eindeutige ID zuweisen, Verfolgbarkeit zwischen den verschiedenen Modellelementen unterstützen und Mehrbenutzerzugriff erlauben. Darüber hinaus sollten entsprechende Werkzeuge über Mechanismen zur Versionsverwaltung auf Modellen bzw. Modellelementen verfügen.

Verfolgbarkeit über Werkzeuggrenzen hinweg

Eine Fragestellung, die sich im Zusammenhang mit dem ergänzenden Einsatz verschiedener Werkzeuge ergibt, ist die Integration und Verfolgbarkeit zwischen Artefakten der verschiedenen Werkzeuge (z.B. Use Cases, Verhaltensmodelle und Testfälle). Die Wahl des Modellierungswerkzeugs oder des Werkzeugs für das Requirements Management ist so zu treffen, dass eine Schnittstelle zwischen den beiden Werkzeugen besteht oder geschaffen werden kann, die es ermöglicht, Anforderungen mit Modellelementen in Beziehung zu setzen und diese Verfolgbarkeitsbeziehungen zu verwalten (vgl. Kapitel 8). Wenn sich Anforderungen ändern, ist es unerlässlich, dass die entsprechenden Änderungen auch an den betroffenen Modellelementen vorgenommen werden können. In gleicher Weise gilt dies für Änderungen in Anforderungsmodellen, die ggf. auch in die entsprechenden natürlichsprachigen Anforderungen integriert werden müssen.

9.3 Requirements-Management-Werkzeuge

Notwendige Eigenschaften von Requirements-Management-Werkzeugen

Um die in Kapitel 8 beschriebenen Techniken der Anforderungsverwaltung optimal zu unterstützen, sollte ein Requirements-Management-Werkzeug dabei folgende grundlegende Eigenschaften aufweisen:

- Verwalten verschiedener Informationen (z.B. natürlichsprachige Anforderungen, konzeptuelle Modelle, Skizzen, Testpläne, Änderungswünsche)
- Verwalten von logischen Beziehungen zwischen verschiedenen Informationen (Verfolgbarkeit, z.B. zwischen Anforderungen, zwischen Anforderungen und deren Umsetzung)
- Eindeutige Identifizierbarkeit (z.B. jedes verwaltete Artefakt sollte über eine eindeutige ID verfügen)
- Bearbeiten der verwalteten Informationen (Mehrbenutzerfähigkeit, Zugriffskontrolle, Konfigurations- und Versionsmanagement)
- Bilden von unterschiedlichen Sichten auf die verwalteten Informationen je nach Einsatzzweck
- Organisieren der verwalteten Informationen (Gruppierung, Hierarchiebildung, Attributierung und Annotation zusätzlicher Informationen)
- Erstellen von Reports oder Auswertungen über die verwalteten Informationen (z.B. Reports über Änderungsanträge für Anforderungen)

- Generieren von Ergebnisdokumenten unterschiedlicher Form aus den verwalteten Informationen (z.B. Erstellen von Anforderungsdokumenten für spezifische Systemreleases)

Aufgrund des Funktionsumfangs und der Abdeckung der grundlegenden Funktionen lassen sich Werkzeuge, die für das Requirements Management eingesetzt werden können, in zwei Kategorien gruppieren:

- Spezialisierte Werkzeuge
- Standard-Büroanwendungen

9.3.1 Spezialisierte Werkzeuge für das Requirements Management

Die Werkzeuge dieser Kategorie wurden speziell zur Unterstützung der verschiedenen Techniken zur Verwaltung von Anforderungen konzipiert und entwickelt und beherrschen bzw. unterstützen die Aufgaben in der Verwaltung von Anforderungen am besten. Die charakteristischen Eigenschaften solcher Werkzeuge sind (siehe Kapitel 8):

Charakteristische Eigenschaften von RM-Werkzeugen

- Verwaltung von Anforderungen und Attributen auf der Basis von Informationsmodellen
- Organisation von Anforderungen (mittels Hierarchieebenen)
- Konfigurations- und Versionsmanagement auf Anforderungsebene
- Definition von Anforderungsbasislinien (Baselining)
- Mehrbenutzerzugriff und -verwaltung (z.B. Zugriffskontrolle)
- Verfolgbarkeitsmanagement (Traceability Management)
- Konsolidierung der erfassten Anforderungen (z.B. Sichtenbildung)
- Unterstützung des Änderungsmanagements (Änderungskontrolle)

Architektur von RM-Werkzeugen

Die verschiedenen am Markt verfügbaren RM-Werkzeuge besitzen einen ähnlichen Aufbau. So verfügen die einschlägigen Werkzeuge über eine Benutzungsoberfläche, über die der Anwender mit dem Werkzeug arbeitet und alle zur Verfügung gestellten Funktionen nutzen kann. Die verwalteten Daten werden in einer Datenbank gespeichert und über einen integrierten Editor eingegeben und geändert. Verschiedene Import- und Exportmechanismen für Dokumente und Reporte stellen sicher, dass Daten von externen Systemen in das Werkzeug eingelesen sowie aus dem Werkzeug in externe Systeme ausgeleitet werden können.

Eignung von RM-Werkzeugen

Requirements-Management-Werkzeuge erreichen damit eine sehr hohe Abdeckung der grundlegenden Funktionen. Sie eignen sich sehr gut für die Verwaltung von relevanten Informationen für das Requirements Engineering. Eine Übersicht der am Markt verfügbaren Werkzeuge zur Unterstützung des Requirements Engineering findet sich u.a. auf den Internetseiten des INCOSE und zum Volere-Prozess.

9.3.2 Standard-Büroanwendungen

In einer Vielzahl von Projekten werden nach wie vor Standard-Büroanwendungen (z.B. Textverarbeitung und Tabellenkalkulation) zur Verwaltung von Anforderungen eingesetzt. Die hauptsächlichen Gründe hierfür liegen einerseits in der weiten Verbreitung dieser Werkzeuge und andererseits darin, dass zur Nutzung kein zusätzlicher Schulungs- bzw. Einarbeitungsaufwand notwendig ist. In Verbindung mit dem Einsatz von Schablonen, wie z.B. Schablonen zur Anforderungsdokumentation (siehe Abschnitt 5.2), eignen sich diese Werkzeuge für die Dokumentation und eingeschränkt für die Verwaltung von Anforderungen (z.B. können Verfolgbarkeitsbeziehungen durch Hyperlinks etabliert werden).

Büroanwendungen bieten geringe Unterstützung

Allerdings unterstützen solche Werkzeuge die grundlegenden Funktionen des Requirements Management nur in geringem Umfang. So bieten sie weder eine Versionsverwaltung auf Anforderungsebene, noch verfügen sie über unterstützende Funktionen für spezifische Techniken in der Verwaltung von Anforderungen (z.B. die Möglichkeit, Verfolgbarkeitsbeziehungen zwischen einzelnen Artefakten automatisiert zu pflegen). Einige der grundlegenden Funktionen können mithilfe anderer Werkzeuge nachgebildet werden. So erfüllt etwa eine Büroanwendung, wenn sie in Verbindung mit einem Versionsverwaltungswerkzeug eingesetzt wird, ggf. die Anforderungen an eine Versionsverwaltung oder an den geregelten Mehrbenutzerzugriff. Trotz allem kann mit Standard-Büroanwendungen in der Verwaltung von Anforderungen in der Regel nicht die Leistungsfähigkeit spezialisierter Werkzeuge erreicht werden.

9.4 Werkzeugeinführung

Verantwortlichkeit schaffen

Bevor Bemühungen unternommen werden, ein Werkzeug zu finden, das die Verwaltung von Anforderungen bestmöglich unterstützt, sollten in einem Unternehmen bzw. einem Projekt bereits Verantwortlichkeiten für das Requirements Engineering etabliert sein. Zusammen mit den Verantwortlichen müssen die Vorgehensweisen und Techniken definiert werden, die erforderlich sind, um die Ziele des Requirements Engineering bzw. des Requirements Management zu erreichen (siehe Kapitel 8). Es ist wichtig festzuhalten, dass selbst ein sehr gut geeignetes Requirements-Management-Werkzeug nur ein unterstützendes Mittel für den Requirements Engineer und das Requirements Engineering sein kann.

Das Werkzeug folgt der Methode

Erst wenn die Vorgehensweisen und Techniken definiert sind und alle Beteiligten in der Lage sind, diese Vorgaben auch einzuhalten, kann die Bewertung verfügbarer Werkzeuge durchgeführt werden. Die folgenden Gesichtspunkte müssen bei der Auswahl und Einführung von Werkzeugen im Requirements Engineering in Betracht gezogen werden:

Benötigte Ressourcen planen

- Die Auswahl und Einführung eines Werkzeugs bindet Ressourcen im Unternehmen. Dies gilt nicht nur für die Mitarbeiter, die mit der Werkzeugeinführung beauftragt sind, sondern auch für die zukünftigen Benutzer der Werkzeuge. Diese Aufwände sind in der Planung zu berücksichtigen.

Pilotprojekt

- In der Praxis hat sich gezeigt, dass es besonders problematisch ist, ein Werkzeug im Rahmen eines laufenden Entwicklungsprojekts einzuführen. Während sich Mehraufwände für die Schulung und Einarbeitung der Benutzer noch gut abschätzen lassen, können die Risiken, die die Einführung im laufenden Projekt mit sich bringt, leicht unterschätzt werden. Widerstände der Mitarbeiter oder im Betrieb auftretende Mängel des Werkzeugs können sich negativ auf das Entwicklungsprojekt auswirken. Solche Risiken können dadurch umgangen werden, dass das ausgewählte Werkzeug im Rahmen eines Pilotprojekts eingeführt wird. In diesem Pilotprojekt sollten zusätzliche Ressourcen für die Einführung des Werkzeugs, für die Schulung der Mitarbeiter und für die Anpassung der Prozesse eingeplant werden.

Evaluierung

- Ein geeignetes Werkzeug sollte im Rahmen einer Werkzeugevaluierung ermittelt werden. Anhand einer Herstellerbefragung und definierter Muss-Kriterien können in der Regel wenige Kandidaten selektiert werden, die dann genauer untersucht werden. Zu diesem Zweck ist ein Kriterienkatalog zu erstellen, der beschreibt, welche Anforderungen ein entsprechendes Werkzeug im Requirements Engineering zu erfüllen hat. Die zur Evaluierung verbleibenden Werkzeuge können anhand dieser Anforderungen bewertet werden.

Kosten

- Die Kosten für ein Werkzeug gehen für gewöhnlich über reine Lizenzkosten hinaus. Typischerweise müssen sowohl Kosten für die Schulung der Mitarbeiter als auch für eine eventuelle Anpassung des Werkzeugs und Supportkosten eingeplant werden.

Benutzer schulen

- Es ist wichtig, dass die künftigen Benutzer des Werkzeugs die zugehörigen Vorgehensweisen im Requirements Engineering kennen und aktiv gestalten sowie die eingesetzten Techniken beherrschen. Die Benutzer sollten durch geeignete Schulungsmaßnahmen in Bezug auf die Vorgehensweisen, Techniken und die zugehörige Werkzeugunterstützung im Requirements Engineering geschult werden.

9.5 Beurteilung von Werkzeugen

Die Bewertung von Werkzeugen hinsichtlich ihrer Eignung zur Unterstützung des Requirements Engineering ist aufgrund der vielfältigen Ausprägungen der Werkzeuge in der Praxis eine aufwendige und anspruchsvolle Aufgabe.

Sichten auf Werkzeuge im Requirements Engineering

Um diese Bewertung möglichst objektiv durchzuführen, sollten verschiedene Sichten auf Werkzeuge im Requirements Engineering betrachtet werden. Durch die Definition einzelner Werkzeugsichten wird es möglich, die Eignung eines Werkzeuges systematisch zu analysieren und dabei eine individuelle Priorisierung der Werkzeuganforderungen vorzunehmen. Abb. 9-1 zeigt Sichten, die zur Bewertung der Eignung von Werkzeugen im Requirements Engineering verwendet werden können.

Abb. 9-1 Sichten auf ein Requirements-Engineering-Werkzeug

Für jede dieser Sichten sollten Kriterien definiert werden, die auf die zentralen Aspekte von Werkzeugen in der jeweiligen Perspektive abzielen.

9.5.1 Projektsicht

Projektunterstützung

Die Projektsicht betrachtet den Umfang, in dem das Werkzeug zur Unterstützung des Projekts beitragen kann. Relevante Kriterien sind hierbei die Unterstützung der Projektvorbereitung, der Projektplanung und der Projektdurchführung. Bezüglich der Projektvorbereitung können Kriterien hinsichtlich der Definition projektspezifischer Informationstypen und Dokumente betrachtet werden. Im Hinblick auf die Projektplanung kann z.B. der Umfang betrachtet werden, in dem Meilensteine definiert werden können bzw. in dem Informationen und Dokumente des Werkzeugs zu Meilensteinen in Relation gesetzt werden können. Die Projektdurchführung umfasst Kriterien, die z.B. den Umfang der möglichen Projektkontrolle und der Projektsteuerung auf Basis der Informationen und Dokumente des Werkzeugs beinhalten.

9.5.2 Benutzersicht

Perspektive der späteren Benutzer

Die Benutzersicht betrachtet die Anforderungen an ein Werkzeug, die sich aus der Perspektive des Benutzers ergeben (z.B. Multiuser-Fähigkeit). Die Bewertung aus der Perspektive des Benutzers fokussiert die Bedienung des Werkzeugs, die Abbildung von Rollen sowie die Unterstützung von Gruppenarbeit. Im Detail bedeutet dies, dass die verschiedenen Stakeholder, die an einem Entwicklungsprojekt beteiligt sind, durch eine Benutzerverwaltung und Definition von Rechtestrukturen adäquat in dem Werkzeug abgebildet werden können. Dadurch werden die einzelnen Personen in die Lage versetzt, abhängig von ihrem Rollenprofil einen adäquaten Zugriff auf die Werkzeugfunktionalität und die gespeicherten Informationen zu erhalten.

9.5.3 Produktsicht

Funktionalitäten des Werkzeugs

Die Produktsicht beinhaltet die Funktionalitäten, über die das betrachtete Werkzeug verfügt (z.B. verschiedene Dokumentationsformen für Anforderungen). In der Produktsicht werden u.a. die unterstützten Dokumenttypen, erzeugbare Sichten und Berichte sowie die Verfolgbarkeit zwischen den ausgewählten Produkten im Werkzeug betrachtet.

9.5.4 Prozesssicht

Methodische Unterstützung seitens des Werkzeugs

Die Prozesssicht fokussiert auf die durch das Werkzeug angebotene methodische Unterstützung (z.B. mögliche Anleitung, Aufzeichnung von Verfolgbarkeitsbeziehungen). Die Betrachtungen in der Prozesssicht umfassen die Möglichkeiten zur Protokollierung der Aktivitäten im Werkzeug sowie den Umfang, in dem das Werkzeug auch eine methodische Anleitung bieten kann. Bezüglich der methodischen Anleitung können verschiedene Verbindlichkeitsgrade unterschieden werden. Die methodische Anleitung kann strikt und restriktiv sein oder den Charakter von Hinweisen haben. Neben dem Umfang der methodischen Unterstützung, die durch das Werkzeug möglich ist, kann darüber hinaus betrachtet werden, inwieweit das Werkzeug es gestattet, ein projektspezifisches Vorgehensmodell zu definieren.

9.5.5 Anbietersicht

Marktposition und Supportleistungen des Herstellers

Die Anbietersicht berücksichtigt die Dienstleistungsmöglichkeiten (z.B. Schulungen) und die Marktposition des Herstellers. Bei der Auswahl eines Werkzeugs sind nicht nur die funktionalen Aspekte, sondern auch Randbedingungen, die für ein Werkzeug gegeben sein müssen, von Bedeutung. So wird z.B. häufig der Bekanntheitsgrad bzw. das Renommee der Werkzeuganbieter als Entscheidungskriterium herangezogen. Durch die relativ hohen Anschaffungskosten und längerfristig gewünschten Supportleistungen entsteht eine enge Bindung an den Hersteller.

9.5.6 Technische Sicht

Leistungs- und Integrationsfähigkeit des Werkzeugs

Die technische Sicht betrachtet die technischen Kontextbedingungen, die an ein Werkzeug gestellt werden. Wichtige Aspekte in der technischen Sicht sind z.B. die Integrationsfähigkeit des Werkzeugs, die Leistungsfähigkeit des verwendeten Repository, die notwendige Hardware und Software sowie die Skalierbarkeit des Werkzeugs. Die Integrationsfähigkeit eines Werkzeugs lässt sich z.B. dadurch bestimmen, inwieweit die Funktionalität des Werkzeugs über APIs zugänglich ist, und durch den Umfang, in dem eine Prozess-, Daten- und Kontrollintegration ermöglicht wird. Die Skalierbarkeit eines Werkzeugs kann z.B. über die maximale Anzahl von Benutzern oder die maximale Anzahl von Objekten (z.B. Inhaltspakete oder Dokumente) bestimmt werden. Die Leistungsfähigkeit des verwendeten Repository lässt sich beispielsweise daran messen, in welchem Umfang Datenimporte und

Datenexporte möglich sind, sowie über die Anzahl und die Leistungsfähigkeit der Anfrageschnittstellen oder über die verfügbaren Sicherungskonzepte.

9.5.7 Betriebswirtschaftliche Sicht

Einführungs- und Folgekosten

Die betriebswirtschaftliche Sicht betrachtet die möglichen Kosten, die durch die Beschaffung, Einführung und Wartung eines Werkzeugs entstehen (z.B. Lizenz-, Schulungs- und Supportkosten). Die Summe der relevanten Kosten setzt sich dabei aus Integrationskosten, Betriebs- und Wartungskosten, Infrastrukturkosten, Kosten der Methodenumstellung und Anschaffungskosten des Werkzeugs zusammen.

9.6 Zusammenfassung

Beim Verwalten von Anforderungen gilt es, die im Requirements Engineering erzeugten bzw. genutzten Informationen so abzulegen, dass die Qualitätskriterien für die Verwaltung von Anforderungen erfüllt werden. Werkzeuge unterstützen hier den Requirements Engineer bei dieser Tätigkeit. Diese Werkzeuge lassen sich in Gruppen, von professionellen RM- bzw. Modellierungswerkzeugen bis zu Standard-Büroanwendungen, eingliedern und unterscheiden sich durch die für die Unterstützung des Requirements Engineering angebotenen Funktionalitäten. Aus diesem Grund ist eine Evaluierung vor der Werkzeugwahl notwendig, um den Einführungsprozess und die Nutzung nicht unnötig zu erschweren.

Literatur

[Akao 1990] Y. Akao: Quality Function Deployment – Integrating Customer Requirements into Product Design. Productivity Press, Portland, 1990.

[Bandler 1994] R. Bandler: Metasprache und Psychotherapie: Die Struktur der Magie I. Junfermann, Paderborn, 1994.

[Bandler und Grinder 1975] R. Bandler, J. Grinder: The Structure of Magic II. Science and Behaviour Books, Palo Alto CA, 1975.

[Basili et al. 1996] V. Basili, S. Green, O. Laitenberger, F. Lanubile, F. Shull, S. Sörumsgard, M. Zelkowitz: The Empirical Investigation of Perspective-Based Reading. Empirical Software Engineering, Vol. 1, Nr. 12, Springer-Verlag, Berlin, Heidelberg, 1996, S. 133–144.

[Beck 1999] K. Beck: Extreme Programming Explained – Embrace Change. Addision-Wesley, Reading, MA, 1999.

[Boehm 1981] B. Boehm: Software Engineering Economics. Prentice Hall, Englewood Cliffs, 1981.

[Boehm 1984] B. Boehm: Verifying and Validating Software Requirements and Design Specifications. IEEE Software, Vol. 1, Nr. 1, IEEE Press, Los Alamitos, 1984, S. 75–88.

[Chaos 2006] Standish Group: Chaos Report, 2006.

[Chen 1976] P. Chen: The Entity-Relationship Specification – Toward a Unified View of Date. ACM Transactions on Database Systems, Vol. 1, Nr. 1, 1976, S. 9–38.

[Chernak 1996] Y. Chernak: A Statistical Approach to the Inspection Checklist Formal Synthesis and Improvement. IEEE Transactions on Software Engineering, Vol. 22, Nr. 12, 1996, S. 866-874.

[Cockburn 2001] A. Cockburn: Writing Effective Use Cases. Addison-Wesley, Reading, MA, 2001.

[Conradi und Westfechtel 1998] R. Conradi, B. Westfechtel: Version Models for Software Configuration Management. ACM Computing Surveys, Vol. 30, Nr. 2, 1998, S. 232–282.

[Davis 1993] A. M. Davis: Software Requirements – Objects, Functions, and States. Prentice Hall, Englewood Cliffs, 1993.

[DeBono 2006] E. DeBono: Edward DeBono's Thinking Course: Powerful Tools to Transform your Thinking. BBC Active, Harlow, 2006.

[DeMarco 1978] T. DeMarco: Structured Analysis and System Specification. Yourdon Press, New York, 1978.

[Dömges und Pohl 1998] R. Dömges, K. Pohl: Adapting Traceability Environments to Project-Specific Needs. Communications of the ACM, Vol. 41, Nr. 12, 1998, S. 55–62.

[Easterbrook 1994] S. Easterbrook: Resolving Requirements Conflicts with Computer-Supported Negotiation. In: M. Jirotka, J. Goguen (Hrsg.): Requirements Engineering – Social and Technical Issues, Academic Press, London, 1994, S. 41–65.

[Elmasri und Navathe 2006] R. Elmasri, S. B. Navathe: Fundamentals of Database Systems. 5. Auflage, Addison-Wesley, Reading MA, 2006.

[Gause und Weinberg 1989] D. C. Gause, M. Weinberg: Exploring Requirements – Quality before Design. Dorset House, New York, 1989.

[Gilb und Graham 1993] T. Gilb, D. Graham: Software Inspection. Addison-Wesley, Reading MA, 1993.

[Glass und Holyoak 1986] A. L. Glass, K. J. Holyoak: Cognition. Random House, New York, 1986.

[Glinz und Wieringa 2007] M. Glinz, R. Wieringa: Stakeholders in Requirements Engineering. IEEE Software 24, 2, 2007, S. 18–20.

[Gotel und Finkelstein 1994] O. Gotel, A. Finkelstein: An Analysis of the Requirements Traceability Problem. In: Proceedings of the IEEE International Conference on Requirements Engineering (ICRE'94), 1994, S. 94–102.

[Gottesdiener 2002] E. Gottesdiener: Requirements by Collaboration: Workshops for Defining Needs. Addison-Wesley Longman, Amsterdam, 2002.

[Harel 1987] D. Harel: Statecharts – A Visual Formalism for Complex Systems. Science of Computer Programming, Vol. 8, Nr. 3, 1987, S. 231–274.

[Hatley und Pirbhai 1988] D. J. Hatley, I. A. Pirbhai: Strategies for Real Time System Specification. Dorset House, New York, 1988.

[Hickey und Davis 2003] A. M. Hickey, A. M. Davis: Elicitation Technique Selection: How Do Experts Do It? Proceedings of the 11th IEEE International Requirements Engineering Conference (RE'03), Monterey Bay, USA, 2003, S. 169–178.

[IEEE Std 610.12-1990] Institute of Electric and Electronic Engineers: IEEE Standard Glossary of Software Engineering Terminology (IEEE Std 610.12-1990). IEEE Computer Society, New York, 1990.

[IEEE Std 830-1998] Institute of Electric and Electronic Engineers: IEEE Recommended Practice for Software Requirements Specifications (IEEE Std 830-1998). IEEE Computer Society, New York, 1998.

[ISO/IEC 15504-5] International Organisation for Standardization: An Exemplar Process Assessment Model. Genf, 2007.

[ISO/IEC 9126-1] International Organisation for Standardization: Software Engineering – Product Quality – Part 1: Quality Model. Genf, 2001.

[Jacobson et al. 1992] I. Jacobson, M. Christerson, P. Jonsson, G. Oevergaard: Object Oriented Software Engineering – A Use Case Driven Approach. Addison-Wesley, Reading MA, 1992.

[Jones 1998] T. C. Jones: Estimating Software Costs. McGraw-Hill, New York, 1998.

[Kano et al. 1984] N. Kano, S. Tsuji, N. Seraku, F. Takahashi: Attractive Quality and Must-be Quality. Quality – The Journal of the Japanese Society for Quality Control, Vol. 14, Nr. 2, 1984, S. 39–44.

[Karlsson und Ryan 1997] J. Karlsson, K. Ryan: A Cost-Value Approach for Prioritizing Requirements. IEEE Software, Vol. 14, Nr. 5, IEEE Press, Los Alamitos, 1997, S. 67–74.

[Keller et al. 1992] G. Keller, M. Nüttgens, A.-W. Scheer: Semantische Prozeßmodellierung auf der Grundlage »Ereignisgesteuerter Prozessketten (EPK)«. Veröffentlichungen des Instituts für Wirtschaftsinformatik (IWi), Universität des Saarlandes, Heft 89, Saarbrücken, 1992.

[Kosslyn 1988] S. M. Kosslyn: Imagery in Learning. In: M. Gazzaniga (Hrsg.): Perspectives in Memory Research, The MIT Press, Cambridge, 1988.

[Kruchten 2001] P. Kruchten: The Rational Unified Process – Eine Einführung, Addison-Wesley, 2001.

[Laitenberger und DeBaud 2000] O. Laitenberger, J.-M. DeBaud: An Encompassing Life Cycle Centric Survey of Software Inspection. Journal of Systems and Software, Vol. 50, Nr. 1, 2000, S. 5–31.

[Lauesen 2002] S. Lauesen: Software Requirements – Styles and Techniques, Addison-Wesley, London, 2002.

[Lehtola und Kauppinen 2006] L. Lehtola, M. Kauppinen: Suitability of Requirements Prioritization Methods for Market-driven Software Product Development. Software Process – Improvement and Practice, Vol. 11, Nr. 1, 2006, S. 7–19.

[Macaulay 1993] L. Macaulay: Requirements Capture as a Cooperative Activity. In: Proceedings of the 1st IEEE International Symposium on Requirements Engineering, 1993, S. 174–181.

[Maiden und Gizikis 2001] N. Maiden, A. Gizikis: Where Do Requirements Come From? IEEE Software 18, 5, 2001, S. 10–12.

[McMenamin und Palmer 1988] S. M. McMenamin, J. F. Palmer: Strukturierte Systemanalyse. Übersetzung von P. Hruschka, Hanser, München, Wien, Prentice Hall, London, 1988.

[Mealy 1955] G. H. Mealy: A Method for Synthesizing Sequential Circuits. Bell System Technical Journal, Vol. 34, Nr. 5, 1955, S. 1045–1079.

[Mietzel 1998] G. Mietzel: Pädagogische Psychologie des Lernens und Lehrens. 5. Auflage, Hogrefe-Verlag, Göttingen, 1998.

[Moore 1956] E. F. Moore: Gedanken-Experiments on Sequential Machines. In: C. Shannon, J. McCarthy (Hrsg.): Automata Studies, Princeton University Press, Princeton, 1956, S. 129–153.

[Moore 2003] C. Moore: The Mediation Process – Practical Strategies for Resolving Conflicts. 3. Auflage, Jossey-Bass, San Francisco, 2003.

[OMG 2007] OMG: Unified Modeling Language: Superstructure, Version 2.1.1. OMG document formal/2007-02-05.

[Pohl 1996] K. Pohl: Process-Centered Requirements Engineering. Research Study Press, Advanced Software Development, Taunton, Somerset, 1996.

[Pohl 2007] K. Pohl: Requirements Engineering – Grundlagen, Prinzipien, Techniken. dpunkt.verlag, Heidelberg, 2007.

[Pohl et al. 2005] K. Pohl, G. Böckle, F. van der Linden: Software Product Line Engineering – Foundations, Principles, and Techniques. Springer-Verlag, Berlin, Heidelberg, New York, 2005.

[Potts et al. 1994] C. Potts, K. Takahashi, A. Antón: Inquiry-Based Requirements Analysis. IEEE Software 11, 2, 1994, S. 21–32.

[Ramesh 1998] B. Ramesh: Factors Influencing Requirements Traceability Practice. Communications of the ACM, Vol. 41, Nr. 12, ACM Press, 1998, S. 37–44.

[Ramesh und Jarke 2001] B. Ramesh, M. Jarke: Toward Reference Models for Requirements Traceability. IEEE Transactions on Software Engineering 27, 1, 2001, S. 58-92.

[Robertson 2002] J. Robertson: Eureka! Why Analysts Should Invent Requirements. IEEE Software 19, 4, 2002, S. 20–22.

[Robertson und Robertson 2006] S. Robertson, J. Robertson: Mastering the Requirements Process. 2. Auflage, Addison-Wesley, Upper Saddle River, 2006.

[Rohrbach 1969] B. Rohrbach: Kreativ nach Regeln – Methode 635, eine neue Technik zum Lösen von Problemen. Absatzwirtschaft 12, Heft 19, 1969, S. 73–75.

[Royce 1987] W. W. Royce: Managing the Development of Large Software Systems. In: Proceedings of the 9th International Conference on Software Engineering (ICSE'87), IEEE Computer Society Press, Los Alamitos, 1987, S. 328–338.

[Rumbaugh et al. 2005] J. Rumbaugh, I. Jacobson, G. Booch: The Unified Modeling Language Reference Manual. 2. Auflage, Addison-Wesley, Boston, 2005.

[Rupp 2007] C. Rupp: Requirements-Engineering und -Management – Professionelle, iterative Anforderungsanalyse für die Praxis. Hanser-Verlag, München, 2007.

[Rupp et al. 2007] C. Rupp, S. Queins, B. Zengler: UML 2 glasklar – Praxiswissen für die UML-Modellierung. Hanser-Verlag, München, 2007.

[Saaty 1980] T. L. Saaty: The Analytical Hierarchy Process. McGraw-Hill, New York, 1980.

[SEI 2006] *Software Engineering Institue:* CMMI for Development (CMMI-Dev), V1.2, Technical Report CMU/SEI-2006-TR-008 – ESC-TR-2006-008. Carnegie Mellon, Software Engineering Institute, Pittburgh, PA 2006.

[Shull et al. 2000] F. Shull, I. Rus, V. Basili: How Perspective-Based Reading Can Improve Requirements Inspections. IEEE Computer, Vol. 33, Nr. 7, 2000, S. 73–79.

[Sommerville 2007] I. Sommerville: Software Engineering. 8. Auflage, Pearson Studium, Boston, 2007.

[Stachowiak 1973] H. Stachowiak: Allgemeine Modelltheorie. Springer-Verlag, Wien, 1973.

[van Lamsweerde et al. 1991] A. van Lamsweerde, A. Dardenne, B. Delcourt, F. Dubisy: The KAOS Project – Knowledge Acquisition in Automated Specification of Software. In: Proceedings of AAAI Spring Symposium Series, Stanford University, American Association for Artificial Intelligence, 1991, S. 69–82.

[V-Modell 2004] *V-Modell:* V-Modell XT,2004, Entwicklungsstandard für IT-Systeme des Bundes, Bundesrepublik Deutschland, Vorgehensmodell. http://www.kbst.bund.de

[Ward und Mellor 1985] P. Ward, S. Mellor: Structured Development of Real-Time Systems – Introduction and Tools. Vol. 1. Prentice Hall, Upper Saddle River, 1985.

[Weinberg 1978] V. Weinberg: Structured Analysis. Yourdon Press, New York, 1978.

[Wiegers 1999] K. E. Wiegers: Software Requirements. Microsoft Press, Redmond, 1999.

[Yourdon 1989] E. Yourdon: Modern Structured Analysis. Prentice Hall, Englewood Cliffs, 1989.

[Yu 1997] E. Yu: Towards Modelling and Reasoning Support for Early-Phase Requirements Engineering. In: Proceedings of the 3rd IEEE International Symposium on Requirements Engineering (RE'97), IEEE Computer Society, Los Alamitos, 1997, S. 226–235.

Index

A

B

C

M

N

O

P

Q

R

S

T

U

V

W

Z

SOPHIST
„Grau is alle Theorie –
entscheidend is auffen Platz"
Adi Preißler
Genau! Deshalb müssen sich Mannschaften auch auf den Platz optimal vorbereiten. Am besten geht das mit Profitrainern wie den SOPHISTen.
Wir coachen dabei
• Anforderungen an Systeme zu erheben und zu dokumentieren.
• Widersprüche und Redundanzen in Modellen zu erkennen.
• Notationen richtig anzuwenden und perfekt zu modellieren.
• eine Architektur zu wählen, die länger als bis zur Abnahme aktuell ist.
Das Ganze bieten wir in Form von Vorträgen, Trainings, Beratung und Coaching.
Wir bewahren Sie vor der Abseitsfalle.
Sprechen Sie mit uns über Ihren Trainingsplan unter +49 /911/40 9000.
Oder schreiben Sie eine E-Mail an heureka@sophist.de
www.sophist.de

Andreas Spillner · Thomas Roßner · Mario Winter · Tilo Linz
Praxiswissen
Softwaretest
Testmanagement
Aus- und Weiterbildung
zum Certified Tester
• Advanced Level
• nach ISTQB-Standard
dpunkt.verlag
2., überarbeitete und aktualisierte Auflage